말이 빛나는 순간

누구와도 잘 통하는 말하기 32일 가이드

말이 빛나는 순간

정선영 지음

생각의빛

책머리에

 필자는 오랫동안 사람들 앞에서 말하는 것을 몹시 어려워했던 한 사람이다. 청소년 시절에는 강한 수줍음과 내향적인 성격 탓에 마음속 생각을 제대로 표현하지 못해 답답함을 느끼곤 했다. 그런 자신이 부족하다고 여겼다. 그러다 필자와 비슷한 고민을 안고 있는 사람이 많다는 사실을 접하고 큰 충격을 받았다. 위축되어 살아온 삶이 나 혼자만의 것이 아니었다는 사실은 뜻밖의 안도감을 주었고 동시에 변화의 가능성을 마음에 심어주었다.
 침묵으로 일관했던 그 시간은 역설적으로 소통의 소중함과 언어가 가진 강력한 힘을 깊이 깨닫는 기간이 되었다. 말하기에 자신 없어 하는 것이 단순히 경험 부족 때문인 경우도 있지만 대부분은 어떻게 말해야 하는지 그 방법을 모르기 때문이라는 것을 깨달았다. 변화의 계기는 대학 시절 방송국 리포터로 활동하면서 찾아왔다. 말하지 않으면 안 될 환경 속에서 인터뷰와 리포팅을 위한 글쓰기를 시작했다. 서투른 까닭에 시행착오와 실수를 반복하면서도 이 과정이 싫지 않았다.

   그렇게 내면의 소리를 세상 밖으로 드러내는 법을 배우게 되었다. 이 과정에서 얻은 긍정적인 사고의 변화는 필자의 인간관계에도 영향을 미쳤다. 직접 부딪히며 체험한 후 지금은 여러 매체에 글을 기고하며 소통을 이어가고 있다. 특히, 사람의 마음을 움직이고 많은 이들이 공감할 수 있는 일상의 주제들을 탐구하며 글로 풀어내는 데 주력한다. 앞으로도 독자들의 고민 해결에 도움이 되는 일을 하기 위해 말하기와 글쓰기는 물론 다양한 방식으로 더 많은 사람들과 가까이 소통하려 한다.

정선영

프롤로그

01 알면 시작이 쉽다

말은 자신의 대변인 • 20

수사학에서 커뮤니케이션까지 • 22

소통은 곧 상호 작용 • 27

포지셔닝을 위한 마음가짐 • 34

비합리적 사고의 늪 • 37

침묵하는 당신 • 42

첫인상과 대인 관계 • 47

편견 건너기 • 53

02 기초 다지기

소리의 생성 • 57

호흡 채우기 • 61

목소리 튜닝 • 66

조음점 공략하기 • 71

생각 정리 3단계 • 79

프렙(PREP)으로 말하기 • 83

초안이 글이 되기까지 • 87

자기소개 글 쓰기 • 93

03 자신감 키우기

소통의 활력소 • 99

놀라운 경청의 힘 • 109

레시피로 소통하기 • 116

비언어로 말하기 • 126

대화 나르시시즘 • 135

불안 속 길 찾기 • 140

루틴 만들기 • 153

디테일 전략 • 158

04 마음을 사로잡는 기술

갈등 발생의 필연적 구조 • 162

해결을 어렵게 하는 말 • 166

성공적인 사과를 위한 3R's • 172

관계 개선에 필요한 관점 전환 • 176

면접 대화 • 182

직장에서 보고하기 • 190

말없는 말 파라랭귀지 • 195

응급 처치 말하기 시스템 • 199

05 TMI

인사 • 205

악수 • 207

명함 • 209

에필로그 • 212

프롤로그

말을 잘하고 싶은 사람들에게

　인류사회에서 커뮤니케이션은 매우 중요한 역할을 해 왔다. 사회적 존재로서 협동과 공동체 생활에 필수적인 수단이기 때문이다. 인간 사회는 커뮤니케이션으로 유지되는 거대한 네트워크라고 해도 과언이 아니다.

　사람들은 말을 잘하고 싶은 열망이 있다. 이는 타인과의 소통에서 부족함을 느끼기 때문이기도 하다. 부족함을 배움을 통해 채우려는 노력은 커뮤니케이션의 중요성을 깊이 인식하고 있다는 증거다. 지상파 방송, 케이블 방송, 유튜브, SNS 등 다양한 매체가 넘쳐나는 현대 사회에서는 커뮤니케이션의 중요성이 비즈니스뿐만 아니라 일상생활 전반에 걸쳐 더욱 부각된다. 말을 잘하는 사람이 모두가 부러워하는 대상이 된 것이다.

성공적인 의사소통은 여러 면에서 긍정적인 효과를 가져온다. 무엇보다 상대를 이해하는 데 도움이 된다. 이를 통해 신뢰와 존중을 기반으로 관계를 형성하고 유지할 수 있으며 문제 해결의 실마리를 찾는 데도 유익하다. 대화를 통해 아이디어를 공유하고 효율적으로 협력하는 데 필수적인 언어 능력을 길러주기도 한다. 이처럼 소통 능력은 개인에게 또 다른 중요한 경쟁력으로 자리매김하고 있다.

이 책은 커뮤니케이션의 기술만 다루는 것을 넘어선다. 그 이면에 자리한 인간의 감정과 심리를 입체적으로 탐구하며 실질적인 개선 방안을 제시한다.

알면 시작이 쉽다에서는 성공적인 커뮤니케이션을 이루는 핵심 요소와 그 안에 작용하는 말의 심리를 심층적으로 탐구하였다. 훈계, 강요, 지적, 무시하는 말들이 마음을 다치게 하고 관계를 훼손했던 경험을 누구나 겪어보았을 것이다. 부정적인 언어는 갈등으로 이어지기 쉽다. 말에 담긴 심리를 이해하는 것이 얼마나 중요한지 절감한다. 말과 심리 사이의 연결 고리를 파악하고 관계를 해치지 않으면서 효과적으로 소통하는 방법의 첫 단추를 끼우게 될 것이다.

기초다지기에서는 소리와 생각이 소통에 미치는 영향을 설명한다. 말하기에 있어 호흡이 중요한 이유는 좋은 발성 환경을 만들기 때문이다. 놀랐을 때 흉곽이 열리며 공기가 충분히 들어오듯, 복식호흡은 성대 울림을 키우고 소리를 내기 수월하게 하여 말하기에 효과적이다. 발성은 약간만 신경써도 큰 효과를 볼 수 있는 영역이다. 목소리 톤을 조절하는 것은 누구나 가능하다. 조음 기관을 통한 발음 연습으로 충분히 전달력을 높이고 신뢰감을 더할 수 있다.

궁극적으로 말과 글은 생각에서 나온다. 생각을 정리하면 말을 자연스럽게 잘하게 되고 지면에서 다듬으면 멋진 글이 된다. 갑작스럽게 말해야 하는 상황에서도 당황하지 않고 효과적인 말하기 틀을 활용한다면 천군만마를 얻는 것과 같은 든든함을 느낄 수 있을 것이다.

자신감 키우기에서는 일상에 바로 적용하는 실질적인 커뮤니케이션 기술들을 소개한다. 대화를 자연스럽게 이어 가는 요령부터, 언어적, 비언어적 기법을 활용해 긴장을 낮추는 방법까지 안내한다.

말을 잘하는 사람과 그렇지 못한 사람 사이에는 사실 생각만큼

엄청난 차이가 있는 것이 아니다. 발음이 부정확하거나 적절한 순간에 어떤 말을 해야 할지 망설이는 경우가 많을 뿐이다. 말을 갑자기 유창하게 만드는 마법 같은 방법은 없지만, 연습을 통해 나아지고 자신감을 얻을 수는 있다.

또한 말하기 속도, 말투, 표정, 태도, 자세, 시선, 의상 등 비언어적 요소가 어떻게 상대를 이해하고 메시지를 전달하는 데 중요한 역할을 하는지도 깊이 있게 다룬다. 사람들 앞에서 말할 때 긴장하는 것은 어쩌면 당연하다. 하지만, 떨림 자체가 문제라기보다 긴장과 불안이 일어나는 원인과 이를 조절하고 통제하는 방법을 모르는 것이야말로 진정한 걸림돌이다. 자신이 사용하는 언어와 비언어는 오랜 반복을 통해 형성된 습관이므로 이를 개선하기 위해서는 의식적인 훈련이 필수적이다.

마음을 사로잡는 기술에서는 실수로 엇나간 말들을 지혜롭게 바로잡고 관계를 회복하는 실질적인 방안을 소개한다. 갈등을 해결하는 데 소통 기술은 매우 유용하다. 성공하는 대화에는 수많은 이유가 있지만, 대화를 실패로 이어지게 하는 데는 몇 가지 공통적인 원인이 있다. 바로 갈등을 악화시키는 말을 사용한다는 점이다. 사소한 말 한마디가 관계에 큰 영향을 미친다는 사실을 간과하기는 쉬워도 조금만 조심해도 놀라운 효과를 가져올 수 있다는 사실을 모르는 경우가 많다. 타인과 성공적으로 대화하는 방법을 습득하고 문제 상황에 대처하는 소통 기술은 인간관계를 원활하게 하는 윤활유와 같기에 그 중요성은 아무리 강조해도 지나치지 않는다.

또한 직업을 구하는 면접 대화와 일터에서의 보고 방법을 엮어 면접에서 필요한 소통 역량과 업무에 적용할 수 있는 보고 노하우를 익힐 수 있을 것이다. 단조로운 배경 속 붉은 열매나 초록 잎이 시선을 사로잡듯, 말하기에서도 말의 빠르기, 높낮이, 길이에 변화를 주면 생동감 있는 메시지를 전달할 수 있다.

현재 어떤 책을 보고 무엇을 깨닫고 행동에 적용하느냐에 따라 미래의 모습은 분명 달라질 것이다. 커뮤니케이션 기법을 익히고 싶은 초보자분들이나 복잡한 갈등 상황에 직면해 있는 분들께 이 책은 훌륭한 스승이 되어줄 것이라 확신한다.

이 책은 소통이 단순히 기술적인 능력을 넘어 사람들 간의 관계를 형성하고 강화하는 데 필수적인 요소임을 강조하고 있다. 소통이 가진 특별한 힘은 관계에 긍정적인 변화를 불러오고, 갈등을 해결하며, 새로운 기회를 창조하는 데 도움을 준다. 이 책을 통해 32일 동안 소통 능력 향상을 위한 지식과 실용적인 방법을 습득하여 실제 현장에서 바로 활용하게 되기를 기대한다. 이어질 내용들이 독자 여러분의 삶과 직업적 성공에 긍정적인 영향을 전하는 의미 있는 메시지가 되기를 바라는 마음이다.

이 책은 서울사이버대학교에서 강의하며 얻은 영감을 바탕으로 저술에 이르기까지 3년이라는 시간이 담겨있다. 강의는 필자에게 이 책을 완성하는 소중한 기회가 되어주었다. 대우교수로 직무를 제공해 주신 학교 관계자분들께 특별한 감사를 드린다. 글을 쓰는 동안 늘 긍정적인 자세로 바쁜 엄마를 이해하고 묵묵히 응원해 준 사랑스러운 자녀들, 그리고 언제나 따뜻한 지지와 용기를 아끼지 않은 남편이 곁에 있었기에 이 모든 것이 가능했다. 이 자리를 빌려 각별한 감사의 마음을 전하고 싶다.

말이 빛나게 되길 열망하며
정선영

01
알면 시작이 쉽다

말은 자신의 대변인

소통이 중요한 오늘날, 말을 잘하는 것은 그 자체로 큰 능력이 된다. 타인과의 대화에서 더 나은 모습을 보이고 싶어 하는 마음은 소통이 중요하다는 인식 때문이다.

방송, 유튜브, SNS 등 말을 잘하는 사람들로 넘쳐나는 매체 속에서 소통 능력의 중요성은 더욱 커졌다. 말은 일상생활에서뿐 아니라 비즈니스에도 영향력을 행사한다. 하지만, 아이러니하게도 서로에 대한 이해가 어렵고 상대의 의견을 수용하기 힘든 불통의 시대를 살고 있다. 가족, 친구, 동료 등 가까운 사람 사이에서조차 말이 통하지 않을 때는 문제가 심각해진다.

오래된 친구들을 대하는 방식을 통해 자신의 의사소통 습관을 돌아볼 필요가 있다. 만약 누군가와 말다툼 후 그 상대와 마주하고 싶지 않다면 그 문제는 쉽게 해결되지 않을 것이다. 가까운 관계에서도 제대로 표현하지 못한다면 사회에서 성공적인 관계를 맺거나 목표를 이루기는 더욱 어려울 수 있다.

누구나 말을 하지만 진정으로 말을 잘한다는 것은 그리 쉬운 일이 아니다. 자신이 하고 싶은 말을 정확하게 전달하지 못한다면 결코 가벼운 문제로 치부할 수 없다. 유능한 자신이 되기 위해서 자기를 대변해 줄 말을 효과적으로 훈련해야 한다.

말은 아이디어를 나누고 발전시키는 도구이기도 하다. 누군가와 대화하는 도중 새로운 아이디어를 얻었던 경험이 바로 그 증거다. 일상생활과 비즈니스에서 성공하려면 말을 효과적으로 잘하는 능력이 필수다.

수사학에서 커뮤니케이션까지

　예부터 학자들은 언어의 시작과 발전 과정에 깊은 관심을 가져왔다. 그중에서도 아리스토텔레스(Aristotle)는 빼놓을 수 없는 중요한 인물로 손꼽힌다. 그는 새로운 지식을 쌓는 데 평생을 바쳤으며 특히 사람을 설득하는 방법을 철학적으로 체계화했다.

　아리스토텔레스가 정의한 수사학은 말을 꾸며서 잘하도록 가르치는 것을 넘어 설득에 초점을 맞춘 학문이다. 설득의 중요성을 다루는 것이 수사학의 핵심이라고 할 수 있다. 그는 설득에 세 가지가 필수라고 보았다. 첫 번째 이성에 호소하는 로고스(Logos)는 메시지의 논리성을 의미한다. 객관적인 사실, 합리적 추론, 명확한 증거를 바탕으로 청중을 설득하는 방식이다. 논리적 근거가 탄탄할수록 메시지의 설득력이 높아진다.

두 번째 감성에 호소하는 방식인 파토스(Pathos)다. 아무리 훌륭한 내용이라도 상대방의 감정 상태를 고려하지 않으면 의미 없는 말이 될 수 있다. 말하는 사람은 듣는 사람의 다양한 감정에 공감하고 이를 적절히 자극함으로써 설득력을 얻는다.

아리스토텔레스가 강조했던 설득의 세 요소 중 마지막은 메시지를 전달하는 화자의 인격과 품성을 뜻하는 에토스(Ethos)다. 신뢰와 존경을 받는 사람의 말은 그 어떤 논리나 감성보다 강력한 설득력이 있다. 수사학은 말하는 사람 자체를 인격적으로 신뢰할 수 있어야 함을 강조한다.

오랜 시간이 흘러 18세기, 영국에서 시작된 산업 혁명은 사회 전반에 획기적인 변화를 불러왔고 중산층의 비율 또한 많이 증가했다. 경제적 여유와 사회적 역할이 확대되면서 기업인과 지식인들은 상류층처럼 품위 있게 말하고 싶은 욕구를 갖게 되었다. 자신의 사업적 성공을 위한 설득의 말이 절실해진 것이다. 상인, 전문 직업인은 물론 그들의 배우자까지도 말하는 기술에 대한 개인 교습을 원할 정도였다. 이 시기에 조리 있고 막힘없이 말한다는 의미인 웅변술(Oratory)이라는 어휘가 등장하면서 전통적인 수사학

개념이 웅변술로 확장하는 중요한 계기가 되었다.

　19세기에 이르러 유럽과 미국에서는 단지 말하는 것에 그치지 않고 음성, 발음, 동작 등 말하기의 효율성에 대한 연구가 활발해졌다. 이러한 기술적 측면에 중점을 두어 스피치(Speech)라는 용어가 명명되었고 이는 오늘날 스피치학이 등장하는 배경이 되었다.

　학문적 지식의 전파와 확산 효과를 과학적으로 측정할 수 있게 되면서 언어는 비로소 학문적 토대를 갖추기 시작했다. 과학적인 방법으로 변수를 조절하고 효과를 측정하는 연구가 활발해졌다. 이 과정에서 마침내 커뮤니케이션(Communication)이란 용어가 탄생하였다. 20세기 초, 근대적인 학문 영역에서 커뮤니케이션은 매우 생소한 개념이었다. 당시에는 말하기가 학문의 대상이 될 것이라고 상상하지 못했기 때문이다.

　하지만 긴 역사를 거쳐 수사학에서 웅변학, 스피치학의 흐름을 따라 발전하며 커뮤니케이션학이라는 용어가 정착되었다. 오늘날 커뮤니케이션은 학문의 교차점이자 중요한 영역으로 주목받고 있으며 어떤 학문도 언어를 간과할 수 없게 되었다. 현재는 말, 스피치, 커뮤니케이션이 대부분 유사한 의미로 사용되고 있다. 말이 문제를 해결하고 관계를 형성하는 데 중요한 역할을 하는 만큼,

사람들과 나누는 모든 대화는 매우 소중하다 하겠다.

말은 목적에 따라 다양한 기능을 수행하지만 그중 가장 큰 비중을 차지하는 것은 정보 전달이다. 질문과 대답 속 모든 내용은 정보에 해당한다. 휴가를 위해 여행지의 날씨를 확인하는 일, 운전, 골프, 스키 등 다양한 운동 기술을 배우는 내용, 뉴스, 심지어 드라마나 연예 기사를 통해 오락을 즐기는 것까지 모두 정보 기능에 해당한다.

우리는 대중매체(Mass Communication)와 SNS(Social Network Service)에 익숙한 시대에 살고 있다. 손안의 작은 미디어인 스마트폰부터 시작하여 미디어가 전하는 사회 현상을 통해 세상과 사회를 이해하는 시각을 형성한다. 나아가 미디어를 통해 개인은 생각과 행동, 타인을 보는 관점, 관계 형성의 기준, 그리고 사람을 평가하는 방식까지 내면화하고 보편적인 사고 패턴을 만들어 간다. 이러한 패턴은 개인이 세상을 이해하는 기준이 되며, 긍정적이든 부정적이든 사고방식에 깊은 영향을 준다.

대화에 참여하는 사람들이 주고받는 모든 것은 곧 메시지다. 상대방에게 특정 의미를 전달하려는 의도에서 만들어 내는 신호가 메시지인 것이다. 말에는 의도가 깔려 있다. 예를 들어 기업이 미디어를 통해 브랜드 인지도를 높이려 할 때 그 메시지에는 설득이라는 명확한 목적이 담겨있다. 겉보기에 목적이 없어 보이는 메시지조차도 그 목적 없음 자체가 또 다른 의도일 수 있기에 모든 커뮤니케이션에는 반드시 목적이 존재한다.

배가 고프면 먹고 싶다는 의사를 말이나 행동으로 표현한다. '슬프다', '화났다', '나쁘다'와 같이 감정을 표출하기도 한다. 설득, 홍보, 선거, 동기 부여, 감정 표현 등 의도를 가진 모든 것이 커뮤니케이션에 포함된다. 의사소통을 효과적으로 하기 위해 고민한 끝에 생겨난 요령들이 바로 커뮤니케이션 기술이라 할 수 있다.

고급 소통 기술을 사용할수록 우리는 삶의 지평을 더 확장해 나갈 수 있다. 미처 알지 못했던 부분을 깨닫고 편협했던 시각을 넓히며 개인의 역량을 강화하는 과정은 곧 삶의 질을 향상시키는 중요한 발걸음이다. 더욱이 최근에는 다양한 기술의 발전이 소통의 방식을 혁신하며 감동적이고 효과적인 커뮤니케이션을 가능하게 하고 있다.

소통은 곧 상호 작용

우리는 매일 생각하고 기억하고 계획하는 등 스스로와 끊임없이 소통한다. 이처럼 송신자(Speaker) 혼자 참여하는 내면의 대화를 인간 내(Intra-personal) 커뮤니케이션이라고 한다.

대부분 의사소통은 한두 명 이상의 상대와 이루어진다. 이를 대인(Inter-personal)커뮤니케이션이라고 부르는데 이는 두 사람 또는 소수의 인원 사이에서 일어나는 형태를 의미한다. 진정한 의미에서의 커뮤니케이션은 송신자와 함께 상대방(Receiver)이 존재할 때 완성된다. 두 사람이 대화할 때는 말하는 이와 듣는 이의 역할이 명백하지 않다. 예상치 못한 방향으로 이야기가 흘러가기도 한다. 의미를 주고받는 과정은 오직 두 사람이 함께 만들어 가는 창

조적 행위이다. 둘만이 공유하는 특별한 의미는 다른 이들이 쉽게 이해하기 어려운 특징을 가진다. 간혹 한 사람이 일방적으로 말하는 경우도 있지만, 그럼에도 이는 여전히 대인커뮤니케이션의 한 형태이다.

반면, 대화에 참여하는 규모가 3명 이상이면 집단(Group) 커뮤니케이션으로 분류한다. 많은 사람 속에서 커뮤니케이션이 이뤄지는 경우를 말하는 것으로 집단에는 소집단(Small Group)과 대집단(Organizational)으로 나뉘진다. 보통 12명보다 적은 인원이면 소집단이라고 하며 소집단 커뮤니케이션에서는 역동성이 관건이다. 예를 들어 수업 시간의 조별 활동 같은 소집단은 활발한 의견 교환과 피드백이 오가는 것이 특징이다.

수십, 수백 명이 참여하는 대규모 강의, 길거리 홍보, 군중 연설, 콘서트나 연극 등은 대집단 커뮤니케이션에 속한다. 언뜻 보면 연극배우가 일방적으로 연기하고 관객들은 바라만 보는 것 같지만, 실제로는 객석에서 박수, 환호 등의 즉각적인 반응이 실시간으로 발생한다. 이처럼 대집단 커뮤니케이션 역시 숫자가 많다고 해서 일방적인 것은 아니다. 다양한 형태의 즉각적인 상호 작용이 수시로 일어날 수 있다.

상대방과 소통에서의 상호 작용은 양방향성과 같은 맥락에서 이해할 수 있다. 이용자의 반응에 따라 소통이 지속적으로 변화하고 수정되는 속성을 의미한다. 예를 들어 이메일을 보내면 답장이 오고 온라인 쇼핑 중 장바구니에 담긴 물품을 자유로이 수정할 수 있는 것도 상호 작용의 한 형태이다.

 말하는 사람과 듣는 사람이 주고받는 반응을 피드백이라고 한다. 게임에서 점수가 변하고 승패가 갈리는 과정에서 나타나는 반응 또한 피드백(Feedback)에 해당한다. 피드백은 원활한 소통을 위해 없어서는 안 될 중요한 요소다. 이를 통해 상대방이 자신의 이야기를 잘 듣고 공감하는지를 짐작할 수 있다. 리액션이 없으면 이야기를 잘 듣고 있는지 의문을 품는다. 반응이라는 것은 상대방에게, '당신의 이야기를 잘 듣고 있어요.'라는 피드백으로 전달된다. 긍정적인 피드백 전달은 친밀한 관계를 유지하는 방법이 되기도 한다.

 '가는 말이 고와야 오는 말이 곱다'라는 속담에는 소통이 '나로부터 시작된다.'라는 주체적인 의미가 담겨있다. 상대방의 행동에 대한 수동적인 반응이 아니라 자신이 먼저 고운 말을 사용하겠다는 의지가 들어있다. 나로부터 시작되는 고운 말은 상대에게조차 고운 말을 쓰게 만드는 마법이 있다. 주체적으로 소통하고 경청하는 사람은 상호 작용 능력이 뛰어나다는 공통점을 가진다.

대화가 전자적, 기계적인 기능을 거쳐 전달될 때는 중재된 (Mediated) 커뮤니케이션이라고 부른다. 미디어를 통해 소통이 중재된다는 의미다. 매스 커뮤니케이션이나 뉴미디어 커뮤니케이션 등 다양한 형태의 중재된 소통 방식이 존재한다. 첫 번째는 중재된 인간 내(Mediated intra-personal) 커뮤니케이션이다. 예를 들어 자기 생각을 종이에 메모하거나 컴퓨터로 정리하는 것처럼 매개체를 활용하여 스스로 소통하는 경우를 말한다. 두 번째는 중재된 대인(Mediated Inter-personal) 커뮤니케이션이다. 친구에게 편지를 쓰거나, 이메일을 보내고, 전화나 문자 메시지를 통해 연락하는 경우다. 두 사람 사이의 소통이 매체를 통해 이루어지는 것을 일컫는다. 세 번째는 중재된 집단(Mediated Group/Organizational Communication) 커뮤니케이션이다. 녹화된 영상 강의를 수백 명의 사람들이 시청하거나 여러 명의 인원이 실시간으로 채팅하는 상황이라면 집단이 매체를 통해 소통하는 경우가 된다. 비록 온라인 강사가 수강생의 반응을 실시간으로 확인하기 어려운 경우도 있지만, 이는 모두 중재된 집단 커뮤니케이션의 범주에 속한다.

오늘날 인스타그램이나 유튜브 같은 소통 체계가 활발히 운영되면서 커뮤니케이션의 종류와 유형이 더욱 확대되었다. 인플루

언서나 유명 유튜버는 전통적인 언론인은 아니지만, 사회에 막대한 영향력을 미치는 존재로 자리매김하고 있다.

말하는 사람의 의도가 듣는 사람에게 전달되는 통로를 채널(Channel)이라고 한다. 예를 들어 면접 상황에서는 말이나 목소리, 태도 같은 언어적, 비언어적 요소들이 자신을 드러내는 중요한 통로가 된다. 좋은 인상을 주고 장점을 부각하려는 행동은 자신이 괜찮은 사람이라는 메시지를 상대방에게 전달하려는 의도이다. 언어와 비언어가 모두 중요한 채널로 사용될 수 있다. 보통은 TV, 인터넷, 전화기 등이 채널이지만, 면 대 면(Face to Face) 커뮤니케이션에서는 '목소리'나 '태도' 같은 비언어적인 요소들이 특히 중요한 역할을 한다. 비언어적인 요소들은 말하는 사람의 메시지를 더욱 풍부하게 만든다.

하지만 원활한 상호 작용을 방해하는 요소들도 존재한다. 잡음(Noise)이 그것이다. 예를 들어 수업을 듣는데 배가 고프거나 기분 나쁜 일이 있어 강의에 집중하기 어렵다면 집중하지 못하게 막는 잡음이 된다. 예시의 경우는 감정으로 인한 심리적 잡음이다. 편견 또한 심리적 잡음의 일종으로 특정 대상에 대한 편견은 대화에 몰입하는 것을 방해할 수 있다.

또한 말하는 사람이 의도한 의미와 듣는 사람이 받아들이는 의미가 다를 때도 잡음이 발생한다. 예를 들어 말하는 사람은 과일 사과를 떠올렸는데 듣는 사람이 용서를 구하는 사과를 생각한다면 의미적 잡음이 생긴다. 특히 다양한 문화권의 사람들이 교류하는 요즘, 모자를 쓰는 방식, 악수, 옷의 색깔 등에 담긴 의미 차이로 인한 잡음이 빈번히 발생할 수도 있다.

해석은 갈등을 일으키는 문제 요인이다. 메시지가 잘 못 해석될 때 갈등이 발생할 수 있다. 전달된 내용을 제대로 이해하면 문제가 없지만 송신자의 의도와 다르게 해석되면 소통이 깨지게 마련이다. 오해를 방지하기 위한 효과적인 방법은 질문을 통한 확인이다. '말씀하신 내용을 이렇게 이해했는데, 맞을까요?'와 같이 물어보는 과정은 오해를 줄이고 갈등 상황을 예방하는 최선의 방법이다. 커뮤니케이션에서는 오해, 왜곡, 혼란을 줄이는 것이 중요하다. 대화 목적을 명확히 하고 그 목적에 충실하게 말하는 것을 명심할 필요가 있다.

대화는 서로의 정보와 생각, 감정을 공유하는 행위로 일방적이지 않다. 말하는 사람과 듣는 사람의 역할이 고정되어 있지 않으며 역동성이 일어나는 즐거운 과정이다. 다만 말은 매우 복잡하여 같은 말이라도 어떻게 받아들이느냐에 따라서 이해관계가 달라질 수 있다. 우리는 타인의 말에 상처를 받기도 하고 기분이 좋아지기도 하므로 각자가 커뮤니케이션을 잘하는 방법을 터득하는 것에 답이 있다고 해도 과언이 아니다.

포지셔닝을 위한 마음가짐

마케팅의 기본적인 전략 중 하나인 STP는 세그멘테이션(Segmentation), 타게팅(Targeting), 포지셔닝(Positioning)으로 구성된다. 소비자들의 특정 기준에 따라 그룹으로 나누는 세분화(세그멘테이션), 공략하려는 고객의 범위를 칭하는 표적시장 선정(타게팅), 경쟁자와 차별되는 자신만의 독특한 위치를 정하는 차별화(포지셔닝)를 의미한다.

기업이 고객의 성별, 직업, 가치관, 라이프 스타일(예: 1인 가구, 노마드족, 욜로족) 등을 분석하여 마케팅 전략을 세우는 것처럼 커뮤니케이션에도 이 STP를 적용할 수 있다. 말하는 개인을 하나의 브랜드이자 1인 기업의 CEO라고 생각해 보자. 개인은 자신의 강점과 매력을 효과적으로 전달하기 위한 전략이 필요하다. 개인 브랜드로서 자신을 어떤 사람으로 인식시키고 싶은지를 고민할 때 STP 전략이 도움 될 수 있기 때문이다.

특히 커뮤니케이션에서 중요한 것이 포지셔닝이다. 자기만의 특별한 의미와 가치를 상대방과 어떻게 차별화할 것인지를 계획하려면 먼저 자신의 강점과 매력을 파악해야 한다. 예를 들어 신중하고 믿을 수 있는 이미지를 추구한다면 목소리 톤을 낮추고, 천천히 차분하게 말하며 불필요한 말은 줄이는 것이 좋다. 분명 신중한 이미지로 각인될 것이다.

또한 자신감 있는 모습을 보이고 싶다면 중요한 것은 내면의 충만함이다. 스스로 굳건하게 자신을 괜찮은 사람으로 인정하고, 진정으로 어제보다 오늘이 나아지고 있다고 인식할 때 비로소 타인 역시 그렇게 대우할 것이다.

말이 곧 자신을 대변한다고 해도 과언이 아닌 까닭에 말은 신중하고 가치 있게 사용되어야 한다. 아무리 감추려 해도 말할 때만큼은 자신의 성격과 태도가 드러나게 마련이다. 말은 가장 고차원적인 생각을 표현하는 수단이다. 저속하거나 무례한 말로는 결코 감동을 주거나 긍정적인 영향을 미칠 수 없다. 말은 관계를 더 깊이 있게 할 뿐 아니라 단절도 가져온다. 메시지와 미디어가 넘쳐나는 시대, 자기를 표현하는 것이 대세인 시대에는 말을 잘하고 잘 들어 주는 능력은 그 무엇보다 중요한 역량이 된다.

비합리적 사고의 늪

다른 사람의 장점만을 모아 자신과 견주는 것은 현명하지 않은 일이다. 타인의 빛나는 면모와 자신을 비교하다 보면 깊은 좌절감에 빠지기 쉽다. 이는 결국 자신감 하락이라는 악순환으로 이어지곤 한다.

특히 사람들 앞에 나서서 말하는 것을 몹시 어려워하는 이라면, 스스로가 그어 놓은 한계 앞에서 답답함을 느낄 때가 많을 것이다. 필자 역시도 그랬다. 그 모습을 바꾸려 마음먹고, 작은 시도부터 시작하여 타인과 관계 맺는 연습을 해 나갔다. 솔직히 말하면, 괜한 용기를 낸 탓에 민망했고 서툰 자신을 마주하는 괴로운 상황도 셀 수없이 많았다. 비합리적인 두려움에 사로잡힌 순간도 한두 번이 아니었다. 이 모든 과정에서 얻은 깨달음은 실수해도 괜찮다는 것을 타인의 시선이 아닌 나 스스로 온전히 받아들여야 한다는 것이었다.

　돌아보면 말을 편하게 할 수 있게 되어 자신감이 생긴 것이 아니다. 오히려 실수를 수용하는 깨달음을 통해 자신감을 갖게 되면서 비소로 편하게 말을 할 수 있게 되었다는 표현이 더 적절할 것이다. 말하기 연습도, 긍정적인 마음가짐도, 자신감도 모두 나 자신으로부터 시작된다는 공통점을 가진다. 연습과 성찰을 반복한 후로는 더 이상 타인과 대화가 어렵게 느껴지지 않았다.

　우리는 누구나 합리적이지 못한 생각이 문제와 고통을 야기한다는 것을 머리로는 알고 있다. 그러나 이를 마음으로 온전히 수용하고 변화하기는 매우 어려운 과정이다. 일상에서 다양한 비합리적인 생각들을 마주하는 일도 다반사다. 부모에게조차 버림받을 수 있는 세상에서 모두에게 사랑받는 것은 불가능하다는 것을 알면서 우리는 무의식중에 모든 사람에게 좋은 사람으로 보이려 애쓴다. 사랑받기 위해 노력했음에도 거절당할까 두려워 때로는 현실을 받아들이지 못하기도 한다. 존재 자체가 가치를 가진다고 인정하면서도 능력과 성과가 있어야만 가치 있는 사람이 될 수 있다는 비합리적인 생각의 늪에 갇히기도 한다.

비합리적인 생각에서 벗어나지 못해 괴로워하는 모습은 주변에서 흔히 볼 수 있다. 마음처럼 되지 않는 상황에 직면하는 일이 너무 많음에도 불구하고, 원하는 대로 일이 풀리지 않으면 마치 세상이 끝난 것처럼 여기곤 한다. 현실은 결코 자신이 원하는 대로 흘러가지 않는데 여전히 비합리적인 사고와 신념을 변화시키려는 시도를 어려워한다.

살아가면서 두렵고 피하고 싶은 일을 마주할 때마다 문제 발생 가능성을 끊임없이 걱정한다면 삶이 매우 피곤해질 수밖에 없다. 그렇다고 책임을 회피하는 것이 최선은 아니다. 아무것도 하지 않으면 아무 일도 일어나지 않겠지만, 이는 세상에서 할 수 있는 일의 범위를 지나치게 좁히는 결과를 초래한다. 성격은 일관적이고 지속적인 패턴을 보이기에 변화시키기 쉽지 않다는 생각에 사로잡혀 지내는 것 또한 어쩌면 오랜 습관처럼 지켜온 비합리적인 신념일지도 모른다.

인간의 자율성과 주도성은 학령기 이전부터 발달하기 시작한다. 세상을 탐색하고 타인을 모방하며 독립적인 행동을 시도하는 과정을 통해 점차 형성하게 된다. 타인의 권리를 침해하지 않는 선에서 건강한 주도성을 확립해 나가는 것이 가능하다. 과거의 경험이 현재의 행동에 영향을 미치는 사실은 부정할 수 없는 사실이다. 하지만 과거에 갇혀 있다면 누구도 그로부터 온전히 벗어나긴 어려울 것이다.

세상에는 완전한 해결책이 존재하지 않는다. 우리가 원하는 긍정적인 상황뿐만 아니라 예상치 못한 결과까지도 해결 과정의 일부로 받아들일 수 있는 유연한 사고가 비합리적 생각의 굴레에서 벗어나는 데 큰 도움이 된다. 자신보다 강한 대상에게 무작정 의지하기보다 스스로 할 수 있는 일은 직접 부딪혀 노력하려는 자주적인 자세가 필요하다.

비합리적 사고를 인식하고 변화시키는 것은 의지로 충분히 가능한 일이다. 그 핵심은 개인이 가진 비합리적인 신념과 생각을 합리적인 방향으로 바꾸는 것에 있다. 특히 감정을 지배하고 부정적인 사고방식을 변화시키는 데 초점을 맞추는 것이다. 예를 들어 어떤 불쾌한 사건이 발생했을 때, '이 일은 정말 일어나지 말았어야 해'라는 단정적인 생각에 대한 반박을 통해 사고방식을 변화시킬 수 있다. 신념은 성장 과정에서 형성된 믿음이지만, 그 정확성이 보장되는 것은 아니다. 그러므로 자신의 신념에 대해 '과연 확신해도 괜찮은가?'라는 질문을 던지며 끊임없이 되묻는 과정이 무엇보다 중요하다.

심리 상태는 비정상적인 경우를 제외하더라도 매우 넓은 스펙트럼을 지닌다. 정상 범위 안에서도 개개인은 다양한 모습으로 존재한다. 심지어 정상과 비정상의 경계도 모호하다는 점을 이해하게 된다면 타인을 대하는 방식에서 훨씬 자유로울 수 있다. 폭넓은 이해는 자신의 말하기 능력에 대한 부정적인 평가나 부족하다는 식의 한정적인 생각마저 긍정적으로 변화시키는 계기가 된다. 스스로 고정 관념에 도전하고, '잘할 수 있다'는 믿음을 갖게 될 때, 비로소 자신을 있는 그대로 긍정하며 받아들이게 된다. 비합리적이고 왜곡된 사고의 틀에서 벗어나는 순간, 분명 새로운 변화의 기회가 찾아올 것이라고 확신한다.

말은 심리에 영향을 미치고, 동시에 심리 상태는 말을 사용하는 방식에 영향을 준다. 마치 서로를 비추는 거울과도 같다. 생각은 특정한 감정을 불러일으키고, 그 감정은 다시 행동으로 이어진다. 생각-감정-행동의 복합적인 과정에서 신념이 자리를 잡는다. 혹시 모를 편협한 생각의 틀에서 벗어나기 위해 스스로에게 되묻고, 변화할 용기를 가지는 것이 무엇보다 필요하다. 비합리적인 사고의 늪에서 벗어나는 것만이 진정으로 삶의 질을 향상하고 행복으로 향하는 유일한 길이기 때문이다.

침묵하는 당신

　사람들은 누구나 개인 공간을 설정하고 살아간다. 보이지 않는 경계 안으로 누군가가 예고 없이 들어오면 대부분 불편함을 느낀다. 개인적 공간의 침범이 어디까지 용인되는지에 대한 연구는 이미 1960년대부터 진행되어 왔다. 연구에 따르면 약 45cm 이내의 거리는 연인, 부모, 자녀와 같은 매우 친밀한 관계에서만 허용되는 밀접한 거리다. 약 1.2m까지는 개인적 영역으로 간주된다. 그 이상은 사회적인 거리로 분류된다. 코로나19 팬데믹 당시 권장되었던 2m 거리두기는 이러한 사회적 거리의 개념과 맞닿아 있다. 일반적으로 1.2m에서 3m 사이의 거리를 사회적 거리로 인식하며 사람들은 이 거리를 안전하다고 여긴다.

이러한 이해를 바탕으로 볼 때 누군가가 개인적 영역이나 안전하다고 느끼는 거리 안으로 불쑥 다가오면 깜짝 놀라거나 위협을 느끼게 된다. 이는 무의식적으로 자신을 보호하려는 본능적인 반응 때문이라고 할 수 있다.

물리적인 공간 외에도 말로 표현하기 어려운 순간들은 침묵하게 만든다. 너무 충격적이거나 슬픈 감정에 압도되면 쉽게 입을 열 수 없게 된다. 감정을 추스르기 어렵고 생각이 정리가 되지 않을 때 침묵하게 되는데 침묵 역시 하나의 강력한 표현 방식이다. 때로는 상대방이 자신의 심리적 공간을 유지하며 감정을 정리할 수 있도록 기다려 주는 배려가 필요하다. 그러나 많은 사람이 그 침묵을 견디지 못하고 깨려 한다. 불편함을 해소하기 위해 섣불리 어떤 말이든 꺼낸다. 이는 주로 어색함을 이겨내지 못하는 심리에서 비롯되며, 특히 좋은 사람이 되려는 욕구가 강할수록 이러한 강박적인 행동을 보이기 쉽다.

침묵을 어색하게 느끼고 이를 해소하려는 경향이 강한 사람들에게서 나타날 수 있는 심리적 상태를 메시아 콤플렉스(Messiah Complex)라고 한다. 이는 자신이 침묵을 해결해야 한다는 강박적인 전제 아래 이타적인 행동을 보이는 심리를 의미한다.

하지만 침묵 또한 하나의 중요한 표현 방식이다. 어려움을 느끼거나 차마 말을 잇지 못하는 상황에서 상대방의 배려와 따뜻함을 느낄 수 있는 시간이 중요하다. 두려움과 걱정을 덜고 심리적인 안정감을 얻는 데 큰 도움이 되기 때문이다. 공감과 적절한 심리적 거리 유지 그리고 침묵을 존중하는 것은 효과적인 대화를 위해 반드시 고려해야 할 요소들이다. 이러한 요소들을 제대로 이해하지 못하면 대화를 유연하게 이어 나가기 어렵다.

자신이 어떤 생각을 하느냐도 매우 중요하다. 생산적이지 못한 생각이 지속되면 불필요한 에너지 소모로 이어져 충분히 휴식을 취해도 늘 피곤함을 느낄 수 있다. 이는 마치 스마트폰에 여러 앱을 동시에 실행시켜 놓으면 배터리가 금방 소모되는 것과 같은 이치다. 그럼에도 사람들은 기본적으로 부정적인 생각을 하는 경향이 있다. 이는 생존을 위해 필요한 매커니즘이기도 하지만, 자칫 과도한 행동으로 이어질 수 있다. 특히 감정이 격해지는 상황에서는 생각을 거치지 않고 곧바로 나오는 자동적 사고를 지연시키거나 섣부른 판단을 보류하는 것이 중요하다. 이러한 자동적 사고를 다스리는 데 도움이 되는 다섯 가지 마음 다스리기 방법을 소개하려 한다. 자기 생각대로 추측하지 않고, 나쁜 생각을 차단하며, 상대에 대한 기대를 낮추고, 또한 여유로운 마음을 가지는 것, 스트레스받는 공간을 벗어나는 행동이 그것이다.

추측하지 않는 것은 말 그대로 근거 없이 마음대로 생각하지 않는 것을 의미한다. 아직 일어나지 않은 일에 대한 생각을 확대하면 최악의 상황으로 단정 짓는 파국화로 이어지기 쉽다. 자기 행동을 실패로 단정 짓는 순간 자괴감에 빠져 무언가를 시도하려는 의지마저 꺾일 수 있다. 이 때문에 섣불리 추측하는 것을 줄이는 연습이 필요하다.

생각 차단은 꼬리에 꼬리를 물고 이어지는 부정적인 생각의 고리를 의식적으로 끊어 내는 것이다. 생각은 몸의 스트레스 메커니즘을 유발하며, 심지어 좋은 생각이나 긍정적인 생각조차 에너지를 소모하고 스트레스로 작용한다. 다만, 스트레스의 좋고 나쁨의 차이가 있을 뿐이다. 생각을 차단하는 효과적인 방법의 하나는 몸의 반응에만 집중하는 것이다. 예를 들어 심호흡하며 코로 숨이 들어가고 나오는 것에 집중하거나 의자 등받이에 닿아 있는 신체 감각에 집중함으로써 부정적인 생각의 흐름을 차단할 수 있다.

기대를 조금은 내려놓는 것은 개인적 실망감과 부정적인 생각을 줄이는 효과적인 방법이다. 10만큼 노력했지만, 상대방이 기대했던 만큼 반응하지 않으면 괜한 일을 했다고 실망할 수 있다. 상대의 반응과 관계없이 할 수 있는 것을 했을 뿐이라고 생각한다면 섭섭한 마음이 한결 가벼워질 것이다. 자신의 수고를 상대가 조금이라도 알아주면 다행이고 그게 아니라도 스스로 뿌듯한 마음을 가질 수 있다면 내면의 자긍심은 더 단단해질 것이다.

  마음이 너그럽고 여유로운 사람이 다른 이에게도 관대할 수 있다. 마음 한편에 여유로운 공간이 있으면 외부의 상황과 타인의 행동까지 수용할 수 있게 된다. 삶이 답답하고 조급하게 느껴진다면 상대방에게 문제가 있는 게 아니라 자기 삶이 팍팍하기 때문이라고 생각할 수 있어야 한다. 마음의 여유를 찾는 것은 개인을 성숙하게 하고 대인 관계에도 긍정적인 영향을 미친다.

  만약 앞선 노력에도 마음처럼 되지 않는다면 자리에서 일어나 공간을 옮길 필요가 있다. 몸을 움직여 생각을 환기하는 것이다. 산책이나 여행, 마음 맞는 사람들과 가벼운 수다 등으로 부정적인 사고의 흐름이나 스트레스 상황에서 벗어나는 데 도움이 될 것이다.

첫인상과 대인 관계

제인 오스틴((Jane Austen)의 소설 오만과 편견은 필자에게 매우 인상 깊은 작품이다. 소설의 제목처럼 오만한 남자 주인공 다아시와 그에게 편견을 가진 여자 주인공 엘리자베스 사이에서 전개되는 로맨스를 다루었다. 첫인상이란 주제와 심리적 요소를 명확히 보여준다. 이 작품처럼 첫인상이 우리의 삶과 관계에 미치는 영향은 실로 지대하다. 소설을 바탕으로 첫인상에 대한 네 가지 심리 효과를 알아보는 것도 의미 있을 것이다. 초두 효과, 맥락 효과, 빈발 효과, 노출 효과는 첫인상이 얼마나 중요한지를 잘 설명해 준다.

면접이나 데이트와같이 중요한 자리에서 자신의 가장 좋은 모습을 보여주려고 노력한다. 이는 상대에게 긍정적인 첫인상을 심어주고 싶은 마음 때문이다. 심리학에서 말하는 초두 효과(Primacy Effect)를 십분 활용한 것이다. 초두 효과는 처음 제시된 정보가 나중에 들어오는 정보보다 기억에 더 잘 남는 현상을 의미한다.

우리의 뇌는 한정된 정보만을 처리할 수 있기 때문에 중요하다고 판단되는 것부터 선택해서 정보를 받아들인다. 이때 가장 먼저 입력된 정보는 인지적으로 반복 처리되며 상대에 대한 인상을 형성하는 데 결정적인 역할을 하게 된다. 이것이 초두 효과가 작동하는 원리다.

심리학자 솔로몬 애쉬(Solomon Eliot Asch)는 첫인상의 중요성에 대한 흥미로운 실험을 진행했다. 그는 같은 인물에 대해 '고집이 세다, 샘도 많다, 충동적이다, 근면하다, 똑똑하다'는 순서로 소개했을 때와 정보의 순서를 똑똑하다, 근면하다 순으로 바꾸어 소개했을 때의 평가를 비교했다. 그 결과 긍정적인 단어를 먼저 소개한 그룹에서 훨씬 더 호의적인 반응을 보였다. 이 실험은 첫인상에서 긍정적인 정보가 얼마나 중요한 영향을 미치는지를 명확히 보여주고 있다.

소설 '오만과 편견'에서 다아시를 향한 엘리자베스의 첫인상은 매우 부정적이었다. 그녀는 다이시를 오만하고 불행해 보이며 인상마저 좋지 않은 사람으로 여겼다. 이는 부정적인 초두 효과의 전형적인 예시라고 할 수 있다. 더 나아가 처음에 받은 다이시의 좋지 않은 인상은 맥락 효과(Context effect)로 인해 계속 유지되었다.

맥락 효과는 지각 심리학 용어로, 처음 얻은 인상이 이후에 주어지는 정보의 해석에 영향을 주는 현상을 말한다. 처음 인상이 좋았다면 이후의 정보 또한 긍정적으로 받아들일 가능성이 커진다. 첫 정보가 이후의 정보를 받아들이는 데 하나의 맥락으로 작용하기 때문이다. 이런 이유로 첫 만남에서 형성되는 인상은 매우 중요하다. 좋거나 나쁘게 입력된 첫인상이 쉽게 바뀌지 않는 경향을 보이기 때문이다.

물론 기분, 감정, 컨디션과 같은 내부적인 요인과 날씨나 환경, 상대의 태도 등 외부적인 요소 또한 맥락 효과에 영향을 미친다. '자라 보고 놀란 가슴 솥뚜껑 보고 놀란다'는 속담처럼, 이전의 경험이나 정보가 새로운 상황을 인지하는 데 영향을 미치는 것이 맥락 효과의 대표적인 예이다. 초두 효과와 맥락 효과는 대인관계와 소통에 많은 것을 좌우하게 된다. 소설 '오만과 편견'에서도 엘리자베스가 다이시에 대해 가졌던 좋지 않은 첫인상이 초두 효과로 인해 형성되었고, 이어 맥락 효과가 작용하여 부정적인 인상이 오랫동안 유지되었음을 확인할 수 있다. 선입견이나 고정 관념 역시 이런 효과들이 발현된 결과라고 볼 수 있다.

다행히도 좋지 않았던 첫인상도 바뀔 가능성은 분명히 존재한다. 처음에는 긍정적이지 못했던 인상이라 할지라도 이를 변화시킬 수 있는 희망이 바로 빈발 효과(Frequency Effect)와 노출 효과(Exposure Effect)에 있기 때문이다.

빈발 효과는 첫인상이 좋지 않았더라도 이후 반복적으로 제시되는 태도나 행동이 긍정적으로 지속되면 좋은 인상으로 바뀔 수가 있음을 의미한다. 다만, 이 효과를 통해 첫인상을 바꾸려면 적어도 40시간 이상의 만남이 필요하다는 연구 결과도 있다고 하니 장기적인 관계라면 꾸준한 노력으로 빈발 효과를 기대해 보는 것도 좋은 방법이다.

'오만과 편견'을 통해 빈발 효과의 핵심 조건인 자주 마주치며 좋은 태도와 자세를 보여주는 것의 중요성을 생각해 볼 수 있다. 소설 속 남자 주인공 다아시는 엘리자베스가 마차에서 내릴 때 손을 잡아주거나 그녀의 가족을 은밀히 돕는 등 겉으로는 드러나지 않지만, 뒤에서 살뜰히 챙겨 주는 츤데레 같은 모습으로 점차 따듯한 느낌을 연상하게 했다.

면접과 같이 단 한 번으로 끝날 수 있는 만남이라면 첫인상이 매우 중요하지만, 지속적으로 만나야 할 사람들에게는 처음에 좋은 인상을 주지 못했다 할지라도 충분한 시간을 가지고 좋은 모습을 보여주려는 노력이 필요하다. 표정을 밝게 하고, 상대방에게 수용적인 태도를 보이는 등 노력을 통해 인상을 변화시킬 수 있는 것이 빈발 효과다.

노출 효과는 빈발 효과와 비슷해 보이지만, 분명한 차이가 있다. 빈발 효과가 의도적으로 좋은 행동과 태도를 자주 드러내어 첫인상을 바꾸는 것에 초점을 맞춘다면, 노출 효과는 특별한 의도 없이 단순히 마주치는 횟수가 많아질 때 나타나는 현상이다. 예를 들어, 버스 정류장에서 매일 같은 시간에 버스를 기다리는 누군가를 마주치다 보면 자연스럽게 친숙함을 느끼고 호감이 생기는 것과 유사하다. 이를 친숙성의 원리라고도 하는데 특정 대상에 대한 노출 횟수가 늘어날수록 그 대상에 대한 호감도가 올라간다는 의미다. 자꾸 보게 되고, 익숙해지면서 저절로 호감이 생기는 것이 노출 효과의 핵심이다.

'오만과 편견'에서도 다이시는 엘리자베스가 있는 곳에 반복적으로 나타나며 노출 효과를 발휘했다. 자기 집에서는 물론이고 친구 집, 무도회 등 예기치 않은 곳에서 잦은 만남은 엘리자베스의 마음에 점차 친숙함으로 스며들어 결국 그녀의 마음을 얻는 결정적 계기가 된다.

이러한 노출 효과는 정치와 언론, 상품 광고 등 다양한 분야에서 효과적인 심리 기법으로 널리 활용된다. 특정 현안이나 정책을 대중에게 자주 드러내 공감대를 형성하고 설득력을 높이는 데 사용되며 방송 프로그램 속 간접광고(PPL) 역시 노출 효과를 적극적으로 활용한 대표적인 예이다.

이처럼 사람들이 첫인상을 중요하게 생각하는 핵심적인 이유는 인상이 변하는데 엄청난 시간과 노력이 필요하기 때문이다. 단 3초 만에 결정되는 첫인상을 바꾸기 위해 수개월의 노력이 요구된다면 처음부터 좋은 첫인상을 심어주기 위해 노력하는 것이 훨씬 현명하고 효율적인 전략이라 할 수 있다.

편견 건너기

첫인상이 한 번 형성되면 바뀌기까지 오랜 시간이 걸리는 이유는 무엇일까? 심리적인 두 가지 이유를 들 수 있다. 확증 편향(Confirmation bias)과 인지 부조화(Cognitive Dissonance) 때문이다.

확증 편향은 자신의 가치관이나 기존 신념 혹은 이미 내린 판단과 일치하는 정보에만 주목하고 그 외의 정보는 무시하는 사고방식과 태도를 말한다. 사람들은 자기 신념에 부합하는 정보나 근거를 발견할 때 만족감을 느끼지만, 상반되는 정보를 접할 때는 이를 무시하는 경향이 있다. 이는 자신의 신념에 오류가 있다는 객관적인 자료가 제시되어도 이를 쉽게 인정하지 않는 인지적 편향으로 나타난다. 누구나 자신이 좋아하는 정보만 선택적으로 받아들이고 싫은 것을 거부하려는 확증 편향의 영향을 받는다. 결과적으로 좋아하는 대상은 더 좋아 보이고 싫어하는 대상은 더 부정적으로 보게 되는 것이다. 이러한 신념 체계는 많은 정보를 효율적으로 처리하는 장점이 있지만 때로는 지나친 고집으로 비칠 수 있으므로 유의할 필요가 있다.

인지 부조화는 확증 편향과 비슷해 보이지만 다른 측면이 있다. 개인의 신념과 실제 보이는 것이 불일치하거나 모순될 때 발생하는 심리적 불편감이라고 말할 수 있다. 심리가 불균형 상태에 있는 것을 뜻한다. 기존에 가지고 있던 생각이나 태도와 반대되는 새로운 정보를 접했을 때 그 정보와 자신의 태도나 행동이 서로 모순되어 양립할 수 없다고 느끼는 상황이 인지 부조화인 것이다. 인지 부조화 이론에 따르면 사람들은 불편한 감정을 해소하기 위해 불일치를 제거하려 든다. 이는 곧 불편한 감정을 줄이고 심리적 편안함을 회복하려는 선택으로 이어진다. 예를 들어 따분한 일을 좋아하지 않는 사람이 생계를 위해 그 일을 해야 한다고 가정하려 한다. 따분한 일을 싫어한다는 신념과 따분한 일을 하고 있는 행동은 일치하지 않아 인지 부조화를 일으킨다. 이때 자신이 불편해지는 것을 피하려고 이 일이 나름 괜찮다는 것으로 생각을 바꾸어 행동과 일치시킴으로써 인지 부조화를 줄인다. 불편한 마음을 계속 가지고 싶지 않아 기존의 생각을 변화시키는 이러한 과정은 합리화를 통해 인지 부조화를 해소하려는 시도로 볼 수 있다.

첫인상이 사람을 판단하는 중요한 기준이 되는 것은 분명하다. 그러나 첫인상으로 얻은 편견에서 벗어나고자 노력한다면 상대를 대하는 태도 또한 달라질 수 있다. 시간이 지나 자신의 편견이 깨지고 상대방을 더 많이 알아갈수록 예상치 못한 진정한 면모를 발견하기도 한다. 심리학에 대한 이해는 마음속 감정을 풀어 가는 데 도움을 줄 뿐만 아니라 기존의 틀을 벗어나 시야를 넓히고 개인적인 성장을 이루는 데도 크게 기여한다.

확증 편향과 인지 부조화라는 두 가지 심리적 요인은 첫인상을 변화시키는 데 오랜 시간이 걸리게 만든다. 자신이 옳다고 생각하는 것이 과연 진실인지, 특정 사건에 대한 자신의 신념과 그 결과가 합리적인지 끊임없이 비판적으로 검토하는 자세가 필요하다. 다시 한번 '내가 생각한 것, 내가 본 것이 정말 옳은가?' 하는 질문을 던져보는 것이다. 자신이 형성한 인지적 편향에 휩쓸리지 않도록 노력한다면, 인간관계는 훨씬 더 부드러워질 수 있다는 것을 심리 효과로 확인할 수 있었다.

02

기초 다지기

소리의 생성

호흡은 소리를 생성하는 과정에서 가장 핵심적인 역할을 담당한다. 소리가 만들어지기 위해서는 여러 가지 기관들이 유기적으로 협력해야 하는데 그 시작이 허파(폐)다.

폐는 산소와 이산화탄소를 교환하는 기본적인 기능을 담당한다. 이때 공기가 몸 밖으로 배출되면서 발성 기관인 성대를 진동시켜 소리를 만들어 낸다. 이렇게 생성된 소리는 인두, 목젖, 비강, 구강 등을 거치면서 다듬어지는데 이 과정에서 공명 현상이 일어난다. 공명은 비어 있는 공간에서 발생하는 울림을 의미하며 공간이 넓을수록 울림 또한 커진다. 비강은 콧구멍에서 목젖 윗부분까지 이어지는 공간으로 공기를 따뜻하게 데워주는 역할도 한다. 구강은 입에서 목구멍에 이르는 공간으로 혀, 입천장, 뺨, 잇몸 등이 빈 곳을 형성한다. 결국 소리는 호흡 기관, 발성 기관, 공명 기관, 조음 기관이 등이 협력하여 만들어 낸 결과물이라고 할 수 있다.

우리 몸에서 호흡과 순환처럼 생명 유지에 꼭 필요한 기능들을 총괄하는 기관이 연수(Medulla)이다. 뒷머리의 소뇌와 척수 사이에 위치하는 신경 세포체가 손상되면 스스로 숨쉬기 어려울 만큼 생명 유지에 결정적인 역할을 한다. 평소 성인의 호흡은 보통 1분에 12~20회 정도다. 아이들은 어른보다 호흡수가 더 많고, 잘 훈련된 운동선수들은 이보다 적은 경향을 보인다. 흥미롭게도 우리는 1분 동안 무려 6~7L에 달하는 공기를 내쉬며 살아간다.

숨을 들이마실 때는 횡격막뿐만 아니라 옆구리, 등, 배의 근육들이 관여한다. 이 근육들이 주로 반응하는 위치에 따라 흉식호흡과 복식호흡으로 구분할 수 있다. 흉식호흡은 주로 가슴 부위가 부풀어 오르면서 어깨가 들썩이는 얕은 호흡이다. 복식호흡은 눈에 보이지는 않지만, 숨 쉴 때마다 횡격막을 최대한 활용하는 호흡법이다. 횡격막은 배와 가슴 사이를 가로막는 근육이다. 이 막이 충분히 아래로 내려가도록 유도하는 것이 복식호흡의 핵심이다. 복식호흡 시에는 어깨는 거의 움직이지 않고 횡격막을 아래로 밀어내면서 배가 볼록하게 나온다. 내쉴 때는 배를 등 쪽으로 당기듯이 힘을 주어 공기를 내뱉는 방식으로 진행된다. 숨을 깊게 들이마시는 이유는 폐의 아래쪽까지 충분히 공기가 도달하도록 하기 위함이다.

호흡은 소리의 크기인 성량에도 영향을 미친다. 같은 말을 하더라도 성량이 크고 우렁찬 사람이 있는가 하면 목소리가 거의 들리지 않을 정도로 작은 사람이 있는데 이는 호흡량의 차이에서 비롯된다. 복식호흡을 꾸준히 연습하면 성량을 효과적으로 개선할 수 있다. 만약 소리가 작거나 전달력이 부족하여 고민이라면, 호흡을 깊게 하는 연습이 큰 도움이 될 것이다. 복식호흡을 통해 끌어올린 공기를 밀어내는 힘으로 소리 내는 발성법은 음의 높낮이와 크기를 자유롭게 조절이 가능한 까닭에 발성에서 복식호흡이 차지하는 비중은 실로 크다고 할 수 있다.

복식호흡을 한다고 해서 평소보다 억지로 많은 양의 공기를 마시지 않아도 괜찮다. 가볍게 한숨을 쉬거나 하품할 정도의 공기량이면 충분하다. 말할 때 복식호흡을 강조하는 데는 이유가 있다. 얕은 호흡은 어깨와 목 부위의 근육을 불필요하게 긴장시켜 자연스러운 발성을 방해할 수 있어서다. 어깨가 들썩거리고 턱이 들리면 목소리 안정감이 떨어져 신뢰감 있는 톤을 유지하기 어렵다. 따라서 발성이 잘되도록 등을 똑바로 세운 상태에서 턱을 살짝 당기고 복식호흡을 반복하는 것이 좋다.

  호흡은 소리를 내는 기능을 넘어 마음을 안정시키는 탁월한 효과가 있다. 긴장, 불안, 두려움과 같은 감정을 느낄 때 우리는 무의식적으로 깊게 숨을 쉬는 것을 경험한다. 이는 감정을 가다듬고 심신의 균형을 되찾으려는 몸의 자연스러운 안정 기제다. 복식호흡은 부교감 신경을 활성화해 심리적인 안정을 가져다주는 데 효과적이다. 복식호흡을 단순히 발성을 위한 기술로만 생각하지 않고, 평소에도 습관처럼 꾸준히 실천한다면 폐 기능 향상에도 도움이 되어 더욱 건강하게 숨을 쉴 수 있다.

호흡 채우기

호흡은 들숨과 날숨으로 이루어진 자연스러운 과정이다. 호흡 채우기는 그 과정을 의식적으로 인지하고 연습하는 것을 의미한다. 혹자는 '굳이 호흡을 연습해야 할까?'라는 의문이 생길 수도 있다. 호흡 채우기는 그동안 무심코 지나쳐 왔던 호흡 습관을 돌아보고, 잘못된 습관을 올바르게 교정하는 소중한 기회가 될 것이다. 예를 들어 어깨를 움츠리거나 몸에 불필요하게 힘을 주면, 어깨가 올라가면서 편안한 자세를 유지하기 어려워진다. 호흡 연습의 시작은 앉거나 서 있을 때 늘 등을 곧게 펴고 어깨의 긴장을 자연스레 푸는 자세를 유지하는 것에서 비롯된다. 깊은 호흡을 습관화하는 좋은 방법은 바로 복식호흡을 꾸준히 실천하는 것이다.

그럼, 이제 의식적으로 호흡을 채우는 연습을 해 보자. 향기 호흡이다. 여기에 갓 볶은 원두가 있다고 상상하며 커피 향을 온몸에 가득 채우는 느낌으로 5초간 깊게 숨을 들이마신다. 이때 횡격막이 아래로 내려가는 것을 충분히 느낀다. 이어서 편안하게 숨을 내뱉는다.

이번에는 봄이 무르익는 계절, 라일락 나무 아래에 있다고 생각하며 꽃향기를 호흡에 가득 담아 본다. 5초 동안 숨을 들이마신다. 라일락 향이 몸 안에 퍼지도록 3초간 숨을 멈춘 뒤 천천히 길게 내뱉는다. 이 과정에서 횡격막이 내려가면서 배가 볼록하게 나오고 옆구리에 미세한 뻐근함이 느껴지며, 흉곽이 자연스럽게 팽창하는 것을 경험했다면 복식호흡이 제대로 된 것이다.

호흡은 들이마시는 것보다 내쉬는 숨이 훨씬 중요하다. 특히 아랫배의 근육을 사용하여 호흡을 조절하며 일정한 양만큼 공기를 내보내는 것이 포인트다. 배에 힘을 주어 등 쪽으로 밀어내는 듯한 느낌을 유지하면 좋다. 만약 양 조절이 어렵다면 주먹을 살짝 쥐고 엄지와 검지가 만든 동그라미에 입술을 대고 숨을 내쉬는 연습을 한다. 일정한 양의 공기를 꾸준히 내보내는 데 도움이 될 수 있다. 이 외에 두 가지 방법을 소개한다.

내쉬는 숨을 조절하는 촛불 불기 연습이다. 눈앞에 생일 촛불이 있다고 상상하자. 그 촛불이 휘어지도록 10초간 서서히 숨을 내뱉는다. 중요한 건 촛불이 꺼지지 않도록 숨을 섬세하게 조절하는 것이다. 5초, 10초, 20초 단위로 시간을 늘려가며 숨을 길게 내보내는 연습이다. 갑자기 공기를 너무 많이 들이마셔 머리가 아프지 않도록 주의하고, 필요하다면 회복되기까지 충분히 쉬어주는 것이 좋다.

스타카토 발성으로 복압을 활용한 소리내기도 연습해 볼 수 있다. 복식호흡이 익숙해지면, 호흡에 소리를 얹어 스타카토 방식으로 발성해 보는 것이다. '스타카토'는 음을 또렷하게 끊어서 연주하는 기법으로 이를 복식호흡에 적용한 방법이다. '스, 타, 카, 토'와 같이 한 음절씩 소리를 낼 때마다 배가 튕겨지는지 확인한다. 이는 폐에 공기가 들어오면서 생기는 복압을 이용해 소리를 내는 원리이다. 숨을 충분히 들이마시고 내쉴 때 복압을 느끼면서 말하는 것이 스타카토 발성의 특징이다.

말할 때는 코와 입을 모두 사용하여 숨 쉬는 것이 훨씬 수월하다. 코로만 숨을 쉬면 시간이 오래 걸리고 입으로만 쉬면 숨소리가 크게 들릴 수 있기 때문이다. 입과 코로 동시에 사용하면서도 잡음이 나지 않도록 조절하는 것이 요령이다.

호흡을 충분히 채우면 그만큼 힘 있는 소리를 낼 수 있다. 이 힘은 비강과 구강에서 소리의 울림을 증폭시키는 역할을 한다. 입안에서는 혀의 위치를 조절하여 목구멍과 구강 공간을 넓게 만들어 줄 수 있다. 혀와 입천장 사이 공간이 넓어지도록 혀의 뿌리를 아래로 내려 주면 울림이 커진다. '허'하고 발음하면 목구멍이 동그랗게 열리는 것을 느낄 수 있는데, 이는 목의 아치가 최대로 열리기 때문이다. 화난 상황을 상상하며 연습하면 공기를 더 많이 내보내며 공명감을 키울 수 있다. 큰 소리를 낼 때 목에 구멍이 커지고, 혀뿌리가 눌려 입 공간이 확장되면 울림도 따라 증폭되어 성량이 높아지는 원리다. 목의 아치를 크게 하고 혀뿌리를 누르는 이 두 가지 연습을 통해 구강 공간을 넓히는 것은 말하기에 도움이 된다.

특히 미소는 보는 이에게 좋은 인상을 줄 뿐만 아니라 입과 목의 공간을 넓히는 효과도 있다. 하품하듯이 목의 아치를 열고 입술의 양 끝을 살짝 올리는 것도 성량을 키우는 효과를 기대할 수 있다. 미소를 지으며 말하면 상대방에게 호감도 주고, 목소리가 선명하고 잘 전달되는 이점도 있으니 시도하지 않을 이유가 없다. 물론, 중요한 자리에서는 긴장한 탓에 표정이 굳어지기 쉬운 것이 사실이다. 표정은 호감을 주는 중요한 요소다. 크고 풍부한 목소리와 더불어 인상까지도 관리할 수 있는 효과적인 방법이 바로 미소 짓기다. 웃을 때는 윗니가 살짝 드러나야 자연스럽고 진정성 있는 미소로 보인다. 표정은 시각적으로 중요한 만큼이나 성량을 풍부하게 하는 효과도 있으니 말할 때 미소를 지어 보자.

목소리 튜닝

목소리를 크게 내려고 할 때 톤이 함께 높아지는 사람이 있다. 이 경우 소리가 가늘어지고 긴장감을 주며 때로는 마치 싸우는 소리로 들리기 쉽다. 게다가 말하는 속도가 함께 빨라져 발음이 불불분명해지는 문제도 발생한다. 소리를 키울 때도 복부에 힘을 주고 의식적으로 천천히, 명확하게 발성하는 것이 중요하다. 이렇게 연습하면 듣기 좋은 소리를 낼 수 있을 뿐만 아니라 메시지 전달력까지 향상되어 잘 들릴 수밖에 없다. 이는 상대방에게 신뢰감과 호감을 높이는 데 크게 기여할 것이다.

사람의 목소리가 매력적으로 들리면 자연스럽게 호감도 함께 올라간다. 좋은 목소리는 인상을 평가하는 중요한 요인 중에 하나로 작용한다. 사실 좋은 목소리에 대한 절대적인 기준이 있는 것이 아니다. 듣기 좋은 목소리가 있을 뿐이다. 많은 사람들이 듣기 좋은 목소리가 좋은 목소리라는 말에 공감한다. 목소리 톤에서 느껴지는 안정감은 신뢰감을 형성하는 데 결정적인 역할을 한다. 좋은 목소리는 듣기 편하고 전달이 잘 되는 안정적인 톤에 달렸다고 할 수 있다.

소리를 좋게 하려면 피부를 관리하듯 목소리도 꾸준히 가꿀 필요가 있다. 특히 코와 목이 건조 해지지 않도록 수분을 적절히 섭취하는 것이 중요하다. 조금만 신경 쓰면 바로 효과를 볼 수 있는 것이 목소리 톤이다.

우리 몸에서 소리를 내는 것은 두 개의 얇은 막을 가진 성대다. 성대는 목의 중앙부에 위치하며 허파에서 나오는 공기가 성대를 진동시키면서 소리가 나온다. 성대의 진동으로 만들어진 음파는 구강이나 비강 같은 공명 기관에서 울림을 더해 입 밖으로 내보내진다. 이렇게 완성된 목소리가 상대의 고막을 울리며 소리가 전달되는 것이다.

성대가 제대로 진동하지 못하면 말을 할 수 없게 된다. 가령 성대 결절로 고통받았다는 가수의 이야기를 들어 봤을 것이다. 결절은 비정상적으로 솟아난 조직이다. 성대의 과다 사용으로 인해 생기는 질병은 목소리에 치명적인 영향을 미친다. 이처럼 성대는 소리를 내는 데 있어 매우 중요한 기관이다.

소리의 높낮이와 크기가 같더라도 소리가 만들어지는 진동이나 발음 습관에 따라 음이 갖는 감각적인 성질에는 차이가 생긴다. 이를 음색이라고 한다. 사람마다 각기 다른 목소리의 음색을 가지고 있어 누가 이야기하는지 알아챌 수 있게 된다. 고유한 음색은 한 사람의 개성을 드러내고 이미지를 메이킹하는 중요 요소다.

편안하고 매력적인 목소리를 만들기 위해서는 먼저 자신의 목소리 톤을 잘 활용하고 있는지 살펴볼 필요가 있다. 톤은 대화의 분위기를 좌우한다. 목소리를 개선하고 싶다면 먼저 현재 사용하고 있는 톤이 자신에게 잘 맞는지 점검해 보는 것이 좋다.

자신의 톤을 확인하기 위해 성대 울림을 느껴 보는 두 가지 방법을 안내한다. 하나는 후두에 손을 얹어 느껴 보는 방법이다. 후두는 흔히 목울대나 애덤스 애플(Adam's apple)이라고도 불린다. 목의 3분의 2지점에서 만져지는 뼈 뒤쪽에 성대가 위치한다. 손가락 두 개를 후두에 가볍게 올리고 다양한 높이로 소리를 내본다. 음의 높낮이를 바꾸다 보면 성대의 울림이 크게 느껴지는 지점을 찾을 수 있다. 이때, 음높이에 따라 고개가 들리지 않게 주의한다. 만일 특정 톤으로 소리 내는 것이 부담스럽게 느껴지거나 소리의 전달력이 떨어진다고 생각되면 그 톤은 자신에게 맞는 톤이 아닐 수 있다. 편안하고 울림 있는 톤을 찾기 위해 피아노 음계처럼 '도, 레, 미, 도, 시, 라' 음을 다양한 높이로 반복하여 소리 내어 자신에게 적합한 톤을 발견하는 것이 포인트다.

자신에게 맞는 톤을 찾는 또 다른 방법으로 끝이 막힌 통을 이용해 볼 수 있다. 빈 통의 중간을 잡고 통 입구에 입을 밀착한 후, 음높이를 달리하면서 공명감과 안정된 톤을 섬세하게 감지하는 것이다. 자신에게 편안한 톤을 찾았다면 그 톤으로 유지하는 연습을 일상에서도 꾸준히 해야 한다. 운전할 때나 집에서 쉬는 중에도 찾은 톤이 온전히 자신의 것이 될 수 있도록 반복해서 익숙해지는 시간을 갖는다. 긴장하거나 흥분하여 순간적으로 톤이 올라가 말하기가 부담스럽고 불편해질 때에도 꾸준히 훈련된 톤 튜닝으로 빠르게 안정적인 본래의 톤으로 되돌아올 수 있는 기준점이 되어 줄 것이다.

허밍(Humming) 역시 톤을 유지하는 좋은 방법이다. 물을 반 모금 정도 머금은 듯 입을 살짝 다물고 '음~' 소리를 길게 내는 것이 허밍이다. 아침에 일어나서 하는 허밍은 밤새 가라앉은 목을 풀어

주고 좋은 목소리 톤을 유지하는 데 도움이 된다. 작은 습관을 소홀히 하지 않는 것이 좋은 목소리를 만드는 비결이라고 할 수 있다.

튜닝과 허밍은 성대를 건강하게 유지하는 데에도 기여한다. 건강한 성대는 갈라진 소리를 내지 않고 편안하고 부드러운 발성을 가능하게 한다. 후두의 진동을 통해 톤을 파악하는 방법과 더불어 피아노 앱과 같은 디지털 도구를 활용하면 음의 높이를 정확하게 맞추는 연습을 수월하게 할 수 있다. 음계를 직접 들으며 톤의 음을 파악하는 재미도 느낄 수 있다. 이처럼 도구를 활용한 연습은 목소리 훈련에 대한 흥미를 더해줄 것이다.

하나의 톤으로 튜닝하는 연습을 마쳤다면 이제는 음역을 넓혀줄 차례다. 자신의 기본 톤을 기준으로, 위아래로 음역을 확장하면 어떤 소리든 편안하게 낼 수 있다. 단순히 한 음에 머무르기보다 음역을 확장하는 노력이 필요하다. 예를 들어 자신의 톤에서 한 음정도 낮추면 아나운서처럼 안정적이고 신뢰감을 주는 말하기가 가능해진다. 신뢰성 있는 목소리는 듣는 이의 마음을 움직이고 진심을 전달하는 데 효과적이다. 자기 톤에서 위아래로 한두 음을 조율할 수 있다면 목소리에 대한 자신감이 더욱 높아질 것이다.

조음점 공략하기

명확한 발음은 메시지 전달력을 높이는 중요한 요소다. 발성이 다소 서툴더라도 발음이 정확하면 단호하고 분명한 이미지를 주어, 상대로 하여금 긍정적 인상을 심어줄 수 있다. 말할 때는 발음 기관이 활발히 관여하므로 이 기관들의 근육을 풀어주는 것이 도움 된다. 발음을 한층 좋게 만들어 줄 스트레칭은 여러 가지가 있다.

발음에 관여하는 주요 기관들로는 목, 뺨, 혀, 입술, 치아 등이다. 가장 쉽게 시작하는 방법은 목 스트레칭이다. 목은 일상에서도 긴장하기 쉬운 부위다. 목을 먼저 풀어주는 것이 발성과 발음 연습을 효과적으로 하기 위한 첫 단계이다. 목 풀기 방법은 바른 자세에서 오른쪽과 왼쪽으로 번갈아 고개를 기울여 긴장을 푼 후 이어서 앞뒤로, 마지막은 돌리며 목 전체의 긴장을 이완시켜 준다. 목의 긴장을 풀어주는 것만으로 목소리가 한결 편안하게 나올 수 있게 해준다.

다음으로는 볼(뺨) 풀어주기다. 뺨을 사용해 입안의 공기를 왼쪽, 오른쪽으로 번갈아 돌려주면 볼 근육 이완에 효과가 좋다. 또한 입꼬리를 좌우로 당기거나 볼에 공기를 가득 채운 후 움직이는 것도 볼 근육 스트레칭에 도움이 된다.

발음에서 특히 중요한 부분이 혀다. 혀가 뻣뻣하면 발음이 부정확하거나 혀 짧은 소리가 날 수 있는데, 이는 의사소통에 큰 단점이다. 혀를 부드럽게 만드는 방법에는 혀 돌리기가 있다. 혀로 잇몸을 마사지하듯이 입안에서 천천히 돌려주는 스트레칭은 잇몸 마사지 효과까지 동시에 얻을 수 있다. 엄마가 아기를 어르듯 '아르르르' 소리 내며 혀를 떠는 연습도 도움 된다. 혀를 자주 움직여 부드럽고 유연하게 만드는 것이 핵심이다.

목, 볼, 혀를 모두 풀었다면 마지막으로 입술까지 풀어주는 것이 연습의 완성도를 높여준다. 입술 풀기에는 입을 최대한 쭉 내밀어 푸~~ 소리를 내는 요령이 필요하다. 발음이 꼬이지 않게 하기 위한 스트레칭 루틴은 말하기에 능숙한 사람들이 항상 실천하는 기본이다.

발음 기관에서 소리를 낼 때 혀의 위치 또한 중요하다. 음이 시작되는 부분을 조음점(Articulation Point)이라고 한다. 조음점을 정확히 알면 발음을 한층 명확하게 할 수 있다. 발음이 잘 안되는 경우 흔히 혀가 짧아서라고 생각하기 쉬운데 그보다는 조음점을 제대로 맞추지 못한 것이 원인일 수 있다.

우리말 '시옷' 발음은 혀끝이 아랫니의 안쪽 잇몸에 닿는 것에서 시작된다. 혀를 아랫니의 안쪽에 있는 잇몸에 붙이고 소리를 내야 정확한 'ㅅ' 발음을 구현할 수 있다. 반면, 영어 단어 스미스(smith)에서 'th' 발음은 우리말의 시옷 발음과는 다르다. 영어 'th'는 윗니와 아랫니 사이에 혀끝이 살짝 나오는 소리다. 만약 우리말의 '시옷(ㅅ)' 발음도 영어 'th'처럼 발음하는 것으로 생각했다면 이는 잘못된 정보이다. 각 언어의 발음에 고유한 조음점을 가지고 있음을 이해하는 것이 중요하다.

조음점과 더불어 공기의 흐름을 알면 발음이 한층 쉬워진다. 공기의 흐름은 크게 네 가지로 나눌 수 있다. 비음, 파열음, 마찰음, 유음이다.

비음은 공기가 코를 통해서 나오기 때문에 콧소리가 섞인다. 발음할 때는 코로 흐르는 공기를 느끼며 발음하면 정확한 비음을 낼 수 있다.

파열음은 공기가 잠시 막혔다가 터지듯이 나는 소리다. 마치 와인 코르크 마개를 따거나 샴페인 뚜껑을 여는 소리와 비슷하다. 마이크 앞에서 '퍽'하는 소리는 대부분 파열음 때문이다.

마찰음은 좁은 공간을 비집고 나오면서 마찰하는 소리다. 탄산음료의 뚜껑을 돌릴 때 나는 소리와 유사하다.

마지막으로 유음은 공기의 막힘이나 마찰 없이 소리가 부드럽게 흘러나오는 발음이다. 거침없이 음을 내기 쉬운 특징이 있다.

공기의 흐름에 따라 달라지는 소리의 특징을 통해 자음 발음을 자세히 알아볼 필요가 있다. 이 자음들의 조음 방법과 공기 흐름을 연결해서 이해하면 명확성이 한 층 높아질 것이다.

비음은 코로 흐르는 소리로 이에 해당하는 자음은 '니은(ㄴ), 미음(ㅁ), 이응(ㅇ)'이다. 비음을 쉽게 구별하는 방법은 코를 막고 발음해 보는 것이다. 코를 막은 상태에서 발음이 되지 않으면 해당 자음은 비음이다.

파열음은 공기를 막았다가 터뜨리면서 내는 소리로 '비읍(ㅂ), 피읖(ㅍ), 디귿(ㄷ), 기역(ㄱ)'이 있다. '비읍', '피읖'은 입술을 닫아 공기를 막았다가 입술이 떨어지면서 소리가 난다. '디귿'은 혀가 윗니 뒤쪽 잇몸과 일부 입천장에 닿아 공기를 막고 있다가 혀를 떼면서 나는 소리다. '기역'은 혀의 뿌리 부분이 목구멍(연구개)에 닿아 공기를 막았다가 떨어지며 나는 소리인 파열음이다. 비음과 파열음을 구별할 수 있어야 정확한 발음이 가능하다.

마찰음은 바람이 새는 듯한 느낌이 드는 발음이다. 좁은 통로 사이로 공기가 빠져나갈 때 바람 소리와 함께 나는 소리와 유사하다. 마찰음의 대표적인 예시가 '시옷(ㅅ)', '쌍시옷(ㅆ)', '히읗(ㅎ)'이다.

시옷(ㅅ)과 '쌍시옷(ㅆ)'은 입천장과 혀 사이의 좁아진 틈으로 공기가 나갈 때 나오는 음이다. '히읗(ㅎ)'은 목구멍 깊은 곳에서 공기가 마찰하면서 나는 소리다. '흐' 발음을 통해 마찰감을 이해할 수 있다.

유음은 물 흐르듯이 막힘이나 마찰 없이 흘러나오는 특징이 있다. '리을(ㄹ)'은 대표적인 유음이다. 예를 들어 '라'를 발음할 때 혀가 입천장을 훑듯이 '을라'라고 연습하면 혀의 움직임을 확연하게 느낄 수 있다.

파찰음은 파열음의 특징과 마찰음의 특징을 모두 가진 소리다. '지읒(ㅈ)', '치읓(ㅊ)', '쌍지읒(ㅉ)'은 파찰음이다. 'ㅈ'은 처음에는 혀가 입천장에 딱 붙어 공기를 막았다가 터지면서 파열음이 나고, 동시에 좁은 틈으로 공기가 마찰하는 소리가 난다. '읒지'라고 발음해 보면 파열과 마찰이 연속되는 것을 느낄 수 있다.

우리가 자주 사용하는 발음인 '니은(ㄴ), 디귿(ㄷ), 리을(ㄹ), 시옷(ㅅ), 지읒(ㅈ)' 등의 자음들은 잘못 발음하면 소위 혀 짧은 소리가 나거나 부정확하게 들릴 수 있다. 각 자음의 조음점과 공기의 흐름에 특히 유의하면 듣기 좋은 발음을 만들 수 있을 것이다.

명료한 말하기를 위해 자음 발음만큼이나 모음 발음도 중요하다. 모음 발음은 입이 벌어지는 정도와 입술이 나오는 정도에 따라 달라진다. 입을 크게 벌리는 것만으로도 모음 발음을 잘할 수 있다.

모음 중에서 입이 가장 많이 벌어지는 발음은 '아' 발음이다. '아'보다 입을 덜 벌리면 '에'와 '애'가 된다. 입을 크게 벌리는 것과 더불어 입술의 모양도 중요하다. '이'와 '우' 발음을 비교해 보면 알 수 있다. '이'는 입을 옆으로 벌리며 발음하는 반면 '우'는 입술을 최대한 앞으로 내밀게 된다. 핵심은 입술이 앞으로 나오는 정도에 비례해서 혀를 뒤로 보내는 것이다. 입술이 앞으로 많이 나올수록 정확한 모음 발음을 낼 수 있게 된다. 모음 발음은 입을 얼마나 크게 벌리느냐, 그리고 입술을 얼마나 앞으로 쭉 내미느냐에 따라 정확도가 결정된다.

모음은 다양한 종류로 나뉘는데 특히 원순모음과 이중모음으로 나누는 기준을 익히는 것도 필수적이다. '원순'은 말 그대로 입술을 동그랗게 만드는 모양을 의미한다. '오, 우, 외, 위' 등의 원순모음을 발음할 때는 입술 모양을 최대한 동그랗고 작게 오므려야 한다. 특히 '우' 발음은 마치 뽀뽀하듯이 입술을 힘껏 앞으로 내미는 것이 발음의 핵심이다.

이중모음은 두 개의 모음이 합쳐져 하나의 음절처럼 발음되는 형태이다. 이중모음 발음을 위해서는 두 개의 모음을 빠르고 정확하게 이어서 발음하는 것이 중요하다. 예를 들어 '요'는 '이'와 '오'가 합쳐진 음절이므로 '이오'라고 발음해야 한다. '와' 역시 '오'와 '아'를 빠르게 연속으로 발음해야 정확한 소리가 난다. '예'라는 발음은 '이'와 '에' 발음을 합쳐 만든 것이다.

이름에서 흔히 접하는 '혜' 자 발음이 어려울 수 있다. 간혹 '바다 해'처럼 들릴 수도 있기 때문이다. 예를 들어 이름 정혜진은 '혜' 자 발음 시 '이'하고 '에'를 합쳐 빠른 발음으로 '정 히에 진'이라고 해야 정확한 발음이 나온다. '요구르트'도 마찬가지다. '이'와 '오' 소리를 재빠르게 연결해야 제대로 된 '요' 발음을 할 수 있다.

모음과 자음 발음을 정확하게 구사하는 것은 생각보다 쉽지 않다. 하지만 파고들수록 분명 더 잘할 수 있다는 것을 기억하자. 아는 만큼 잘할 수 있다는 말은 발음에도 적용된다.

자음과 모음을 함께 연습할 때는 조음점, 입의 크기, 입술 모양까지 세심하게 신경 쓰는 것이 정확한 발음을 하는 데 도움이 된다. 이 모든 것은 호흡과 발성, 발음이라는 말하기의 핵심 3요소와 밀접하게 관련이 있다. 신문이나 책을 소리 내어 읽으면서 세 요소를 염두에 두고 말하는 속도를 일정하게 유지하는 연습을 꾸준히 하면 발성과 발음에 대한 자신감이 커질 것이다.

생각 정리 3단계

우리의 생각은 개인의 내적 커뮤니케이션이며, 타인에게 보이지 않는 영역이다. 만약 누군가가 말하는 데 어려움을 느낀다면 대개는 생각이 제대로 정리되어 있지 않은 경우가 많다. 정리되지 않은 생각은 기억하기 어렵고, 기억 없이는 적절한 표현 또한 불가능하므로 사실상 쓸모가 없다.

생각을 명확하게 정리해 두면 필요할 때 언제든 꺼내어 활용할 수 있다. 갑작스러운 질문에도 당황하지 않고 대처할 수 있게 된다. 평소에 보고 읽은 것을 습관적으로 정리하고 어떤 상황에서 활용할 수 있을지를 고려한다면 점차 내용이 명료해질 것이다. 이러한 습관은 업무 속도를 향상하는 것은 물론 뛰어난 소통 능력을 갖추었다는 평가로 이어질 수 있다. 반대로 생각이 정리되지 않은 사람들은 말할 때 중언부언하며 소통에 어려움을 겪기 쉽다. 기획력 또한 떨어질 수 있다. 이처럼 생각 정리는 다양한 영역에서 중요한 능력이다.

생각을 말하는 사람들은 대개 세 가지 유형으로 나눌 수 있다. 생각 없이 즉흥적으로 말하는 유형, 생각과 말을 동시에 하는 유형, 생각을 정리한 후 말하는 유형이다. 자신이 어떤 유형에 속하는지조차 모르는 사람은 주로 생각 없이 말하는 경향이 있다. 하지만 자신이 어떤 유형에 속하든지 말을 잘하는 방법은 분명히 존재한다. 생각 정리하기 3단계 프로세스를 사용한다면 누구나 효과적으로 말할 수 있을 것이다.

생각을 효과적으로 정리하는 첫 번째 단계는 생각 쏟아내기다. 생각을 본격적으로 정리하기에 앞서 머릿속에 떠오르는 모든 아이디어를 제한 없이 자유롭게 나열하는 일이다. 이를 '브레인스토밍(Brainstorming)'이라고 부른다.

두 번째 단계는 생각 편집하기이다. 첫 번째 단계에서 쏟아낸 생각들은 마치 옷장을 정리하듯이 분류하고 체계화하는 과정이 필요하다. 유사한 내용끼리 묶고, 다른 주제는 따로 분류하는 식으로 편집하면 추후 사용하기가 수월해진다. 이 과정은 오로지 주관적인 판단에 따라 이루어진다.

마지막 단계는 근거 대기이다. 아무 말 대잔치가 되지 않도록, 자신이 주장하는 생각들을 데이터나 구체적인 사례를 통해 뒷받침하는 과정이다. 적절한 근거를 제시하면 듣는 사람에게 자신의 생각을 타당하고 설득력 있게 전달할 수 있다.

이 세 가지 단계는 생각을 정리하는 기본적인 방법이며 이 과정을 꾸준히 거치면 말하기가 쉬워질 것이다.

앞서 설명한 생각 정리 3단계는 어떤 종류의 생각도 효과적으로 정리하는 데 공통으로 적용된다. 여기에 더해 생각의 제목을 정하고, 소재를 찾으며, 내용을 세분화하는 과정을 아우르는 TTSt 기법을 소개하려 한다.

타이틀(T, Title)은 제목을 의미한다. 모든 글이나 발표의 핵심이자 첫인상이라고 할 수 있다. 예를 들어 '말을 잘하기 위한 3단계', '학점을 잘 받는 방법 5가지'와 같은 제목들은 독자의 흥미를 유발하고 내용을 예측하게 하는 훌륭한 제목이 될 수 있다. 제목은 명확하고 간결하며 핵심 내용을 함축적으로 담는 것이 좋다.

토픽(T, Topic)은 화제가 될 만한 소재나 사건 또는 큰 줄기를 의미한다. 전체 제목 안에 들어 있는 소제목으로 이해하면 쉽다. 토픽은 자기 생각을 구조화하고 복잡한 내용을 정리하는 데 도움을 준다. 각 토픽은 하나의 독립적인 아이디어나 논점을 담아야 한다.

서브 토픽(St, Sub-topic)은 앞서 제시한 토픽들을 뒷받침할 구체적인 근거 자료를 의미한다. 학술 자료, 통계 자료 또는 구체적 사례 등을 활용하여 자신이 제시한 내용에 대한 타당성을 확보하는 중요한 과정이다. 예를 들어 메러비안 법칙, 폭스 박사 효과, 아리스토텔레스의 수사학, 엘리스의 비합리적인 생각, 셰드 헴스테더 박사의 연구 결과 등의 근거는 자신의 주장을 견고하게 만들어 줄 수 있다.

TTSt 기법의 각 단계를 적용할 때도 앞서 설명한 생각 정리 3단계(생각 쏟아내기-생각 편집하기-근거 대기)를 함께 활용하면 더욱 효과적으로 생각을 정리하고 설득력 있게 전달할 수 있다.

프렙(PREP)으로 말하기

생각은 말과 글을 통해 자신을 표현하기 위한 준비 과정이라고 할 수 있다. 생각을 정리해 입 밖으로 표현하는 것이 말이며 글 또한 생각에서 비롯된다. 생각하는 방식은 말하는 스타일 뿐만 아니라 글쓰기 스타일에도 영향을 미친다. 말과 글은 생각이라는 같은 뿌리에서 나온 만큼 서로 밀접하게 연결되어 있다.

정리된 생각을 효과적으로 표현하는 데 널리 활용되는 기법으로 프렙(PREP)이 있다. 이 기법은 뛰어난 웅변술로 많은 사람들을 설득했던 윈스턴 처칠의 이름을 따서 '처칠식 기법'이라고도 불린다. PREP은 Point(요점), Reason(이유), Example(근거/예시), Point(다시 한번 요점)의 앞 글자를 따서 만든 용어다.

프렙 기법은 요점을 먼저 제시하고, 그 요점에 대한 이유를 설명한 다음, 구체적인 사례와 근거를 들어 주장을 뒷받침하고, 마지막으로 처음 제시한 요점을 재차 강조하는 방식으로 구성되어 있다. 말하는 것과 생각하는 방식을 일치시키는 것이 소통의 핵심으로 이 기법의 각 단계를 통해 살펴볼 수 있다.

프렙 스피치 기법에서 첫 번째 단계인 Point(P)는 핵심 메시지를 먼저 언급하는 것이다. 신문 기사처럼 내용을 짐작할 수 있도록 중요한 내용을 두괄식으로 제시하는 방식이다. 이를 통해 듣는 사람의 주의를 사로잡고 이어질 내용에 대한 궁금증을 유발할 수 있다.

두 번째 단계인 Reason(R)은 핵심 메시지가 왜 중요한지 그 메시지를 주장하게 된 이유를 밝히는 것이다. 자신의 주관적인 생각이나 신념을 집약적으로 표현하는 과정이라고 할 수 있다. 청중에게 논리의 배경을 제시하는 단계이다.

세 번째 단계는 Example(E)로 이전 과정에서 제시된 이유를 객관적이고 과학적인 데이터나 통계 자료 등을 통해 근거를 뒷받침하는 것이다. 근거 제시를 통해 청중은 내용을 쉽게 이해하고 발표자는 자기주장의 정당성을 확보할 수 있다.

마지막 Point(P) 단계에서는 처음에 주장했던 핵심 메시지를 반복하여 강조한다. 메시지의 각인과 간결한 마무리 효과를 얻을 수 있다.

예를 들어 '말을 잘하는 데 무엇이 필요할까?'라는 주제를 프렙 스피치 기법으로 풀어보면 다음과 같이 적용할 수 있다.

오늘의 주제, 곧 핵심 메시지는 '말을 잘하는 데 필요한 사항'이다. 프렙 기법의 첫 번째 단계 Point(P)는 '심리적인 준비, 태도 준비, 지적 준비, 화법적 준비라는 네 가지 핵심 요소를 갖춰야 한다'가 될 수 있다. 이처럼 중요한 내용을 먼저 제시하는 방식이 두괄식이다.

이제 각 핵심 요소가 왜 중요한지에 대한 이유를 하나씩 설명하는 일이다. 예를 들어 네 가지 준비 중 '심리적인 준비가 왜 중요한가?'에 대해 설명한다. 심리적인 준비에는 자신감뿐만 아니라 진솔함과 진심이 포함되어 있어야 진정성 있게 다가갈 수 있기 때문이라는 점을 강조한다.

심리적 준비의 중요성에 대한 근거로 아리스토텔레스가 제시한 에토스(Ethos)라는 개념을 활용할 수 있다. 에토스는 화자의 인격과 신뢰를 통해 설득하는 힘을 말한다. 예를 들어 '자신의 이야기를 지나치게 과장하거나 거짓을 섞는다면 청중의 공감을 얻어 내지 못할 뿐만 아니라 신뢰도 잃게 만들기 때문이다'와 같이 구체적인 개념이나 사례를 통해 정당성을 제시할 수 있다.

　마지막으로 처음 제시했던 네 가지 핵심 메시지인 심리적, 지적, 태도적, 화법적인 준비가 필요하다는 점을 각인시키는 것이다. 이와 같은 방식으로 나머지 태도적, 지적, 화법적인 준비에 대해서도 동일한 프렙 기법을 적용하여 설명할 수 있다.

　세상에 재능이 없는 사람이 있을까? 필자는 그렇지 않다고 생각한다. 다만, 잠재된 재능을 발견하기까지 꾸준히 행동을 지속할 수 있느냐가 관건이라고 할 수 있다. 말을 잘하는 사람이 된 자신의 모습을 상상하며 꾸준히 연습한다면, 머지않아 정말로 그런 사람이 되어 있을 것이라고 믿는다.

초안이 글이 되기까지

글은 생각을 담는 그릇이다. 잘 정돈된 생각에서 좋은 글이 시작된다. 글쓰기가 일반화된 시대라지만, 막상 글로 자신을 표현하는 것을 망설이는 사람들이 여전히 많은 듯하다.

의미와 메시지를 효과적으로 전달하는 글을 쓰려면 가장 먼저 무엇을 쓸 것인지 스스로에게 질문을 던져야 한다. 자신이 말하고 싶은 것, 즉 글의 중심이 될 주제를 정하는 과정은 글 전체의 뼈대를 세우는 일이다. 평소 자신이 좋아하는 것, 잘하는 것, 관심 있는 것, 혹은 하고 싶은 것에서 주제를 찾아보자. 자신과 연결된 주제를 선택하면 관련된 자료를 쉽게 찾고 내용을 풍부하게 만들 수 있다.

아이디어를 쏟아내어 생각의 폭을 넓히기 위해 브레인스토밍, 마인드맵, 만다라트와 같은 생각 도구를 사용하면 유익하다. 이 과정에서 얻은 다채로운 아이디어는 글을 더욱 매력적으로 만들 수 있다. 글쓰기를 위한 탄탄한 시작점을 마련하는 것은 성공적인 글쓰기를 위한 첫걸음이 될 것이다.

제목은 글의 전체적인 콘셉트를 함축적으로 보여준다. 글쓴이가 드러내고 싶은 생각을 담아내는 역할을 하는 까닭이다. 물론, 처음부터 완벽한 제목이 떠오르면 다행이지만, 그렇지 않은 경우가 더 많다. 오직 자신의 머릿속에서만 생각을 쥐어짜는 데는 한계가 있기 마련이다. 다른 사람들이 쓴 글에서 인상 깊은 제목을 발견했다면 이를 참고해 자신의 글에 맞게 수정하고 변형해서 사용할 수도 있다. 인터넷 검색을 통해서 흥미로운 문구를 찾거나 주제를 색다른 관점으로 비틀어 제목으로 삼기도 한다.

글을 요리에 비유하면 글감은 요리의 재료와 같다. 주된 재료가 같더라도 부재료를 더하고 요리 방법의 선택에 따라 음식의 맛이 천차만별로 달라지는 것처럼 글 역시 마찬가지다. 글감은 글의 깊이와 결을 결정짓는 요소다. 풍부한 글감을 얻기 위해 고민된다면, 먼저 자기 안에서 찾아보는 것이 좋다. 매일 겪는 소소한 경험과 문득 떠오르는 생각, 만난 사람과 갔던 장소, 그때 느낀 감정들이 모두 소중한 글감이 될 수 있다. 뿐만 아니라 커피숍 옆 테이블에서 우연히 들은 흥미로운 이야기, 인상에 남는 영화나 드라마, 마음에 닿은 책의 한 구절, 사회적인 현상이나 역사적 사건들, 나아가 국내외 사례들까지 세상에는 무수한 글감이 널려있다. 이는 대화의 소재를 찾는 것과도 크게 다르지 않다. 이렇게 모은 글감들을 씨줄과 날줄처럼 엮어 나가면 비로소 하나의 초안이 탄생한다.

글을 쓰다 보면 방향을 잃을 때가 있다. 글쓴이가 가려는 방향을 안내하는 내비게이션 같은 존재가 바로 개요다. 비록 구체적이지 않더라도, 글의 방향을 확인하고 일관성을 유지하는 데 도움을 준다. 간혹 중요성이 간과되기도 하지만, 실제로 개요를 써 보면 글쓰기가 수월해진다는 것을 분명히 느낄 수 있다. 서론, 본론, 결론에 어떤 내용을 담을지 개요를 작성하고, 자신의 경험을 녹여내면 방향을 잃을 염려가 줄어든다. 다른 사람의 이야기보다 자신의 경험, 솔직한 감정, 깨달음을 담아낼 때 읽는 사람은 더욱 깊이 공감하며 내용 또한 풍성해진다.

글을 쓰려고 책상에 앉았지만, 막상 한 줄도 안 써진 경험이 누구에게나 있을 것이다. 특히 첫 문장은 글의 첫인상을 좌우하는 까닭에 완벽하게 시작하려는 마음이 적지 않은 부담을 가져온다.

글쓰기 멘토들은 서론의 첫 문장에 대해 쉽고 편안하게, 그리고 자신이 가장 잘 쓸 수 있는 것부터 가볍게 시작하라고 조언한다.

 서론은 대개 한두 문단 정도로 짧게 구성하는 것이 좋다. 사회 분위기, 공감 가는 명언, 현재 시사 이슈 등으로 시작할 수 있다. 문장이 이어지면 문단이 되고 새로운 줄에서 시작하면 또 다른 문단이 되듯 자연스럽게 이어 간다. 서론은 본론을 쓰기 위한 언덕이자 토대의 역할을 하므로 가볍고 소소하되 본론의 내용과 동떨어지지 않아야 한다. 본론 내용을 자연스럽게 끌어내도록 연관되게 쓰는 것이 핵심이다. 만약 서론을 개인적인 이야기인 '일화(에피소드)'로 시작한다면, 머릿속에 떠오르는 이야기를 가볍게 풀어내는 것으로 충분하다.

 서론이 본론으로 안내하는 리드 글이라면, 본론은 핵심 내용을 담는 부분이다. 독자의 눈길을 사로잡는 내용으로 채우는 것이 중요하다. 논쟁적인 사례나 구체적인 상황 제시로 독자들이 '확실히 그래'라고 고개를 끄덕이며 공감하게 만드는 것이 좋다. 사건이 일어난 시간, 장소, 당시 상황과 그와 관련된 감정, 생각들을 함께 드러내어 몰입도를 높일 수도 있다. 만일 적당한 경험이나 일화가 떠오르지 않는다면 다른 자료에서 찾아낸 사례를 각색하여 활용할 수 있다. 사례를 쓰는 이유는 글의 의미를 효과적으로 전달하기 위함이다. 글이나 책은 메시지를 전달하는 매체다. 메시지가 빠진 책은 아무런 가치도 전달하지 못한다. 본론은 중요한 의미나 메시지를 담고 있기에 다소 묵직한 느낌을 주는 것도 글쓰기의 한 방법이다.

서론으로 리드하고 핵심 내용을 담은 본론을 채웠다면 글 전체를 마무리하는 결론을 맺는 것 또한 중요한 일이다. 결론은 글에서 전달하려는 메시지를 한 번 더 강조하는 부분이다. 이는 앞서 설명한 프렙(PREP) 기법에서 첫 번째 포인트(P)를 제시한 후 마지막에서 다시 강조하는 것(P)과 같은 원리이다.

작성법을 설명해도 특히 처음 쓸 때는 막막함이 크다. 모든 이에게 초고가 있으며 말 그대로 초고는 뼈대에 대충 살만 붙인 것이기에 당연히 미완성일 수밖에 없다. 완벽한 초고는 존재하지 않는다. 그러므로 초고를 개요에 맞춰 수정하고 다듬는 퇴고 과정이 반드시 수반되어야 한다.

글쓰기를 어렵게 느끼는 이유는 자신의 글이 엉망이라는 두려움과 가치 없다는 생각 때문일 것이다. 잘 쓰지 못할 바에는 아예 안 쓰는 게 낫다고 생각하고 있지는 않은지 돌아보자. 유명한 작가들조차 처음부터 훌륭한 글을 쓰지 않았다는 고백은 우리에게 큰 위안을 준다. 그들 역시 끊임없이 글을 다듬고 수정하는 과정을 거쳐 비로소 좋아진 것이다. 실제로 초고는 쓰레기라는 표현도 있다. 다소 심하게 들릴 수 있지만, 초고가 당연히 완벽한 글이 아니라는 점을 강조하기 위함이다. 어니스트 헤밍웨이조차 자신의 초고에 대해 걸레라는 표현을 썼다고 전해진다. 초고는 원래 미완성이다. 그러니 글을 한 번에 잘 쓰기 어렵다는 말은 어쩌면 처음부터 잘 쓸 수 없으니 겁먹지 말라는 격려처럼 들린다.

헤밍웨이의 '무기여 잘 있거라'에는 마지막 페이지만 39번이나 고쳐 썼다는 유명한 일화가 있다. 마음에 안 드는 부분을 끊임없이 고치고 수정하는 과정을 통해 결국 불멸의 명작이 탄생했다. 글쓰기에 도전하는 모든 분께, 첫 글이 형편없다고 해서 좌절하기보다 일단 써 보는 것을 권한다. 처음 쓰는 글이 서툴고 부족한 것은 전혀 이상하지 않으며 퇴고 과정에서 다듬으면 얼마든지 개선될 수 있다. 쓴 글을 반복해서 읽고, 고치는 과정을 통해 글쓰기 실력도 점차 향상된다.

글쓰기의 궁극적인 목적은 자신만을 위한 기록에 그치지 않는다. 누군가 자신의 글을 읽고 공감하거나 나아가 새로운 생각을 하게 만드는 등 글을 통해 독자와 소통하기 위함이다. 책에서 얻은 발견은 개인의 발전과 성장을 이끄는 중요한 계기가 되어줄 것이다.

자기소개 글 쓰기

자기소개 글은 이력서를 쓸 때 가장 고민하는 부분 중 하나이다. 읽는 사람이 이해하기 쉽게 일정한 형식을 갖추되, 무엇보다 진솔함을 담아내는 것이 핵심이다. 다른 글쓰기와 마찬가지로 초안을 작성한 뒤 수정하는 과정을 거치면 좋다. 앞서 다룬 글쓰기 방법과도 일맥상통하는 부분도 있지만 자기소개서를 쓸 때는 특히 고려해야 할 몇 가지 포인트가 있다.

직무 역량과 자기 성찰이다. 강조하고 싶은 직무 능력을 한두 가지로 정하고 해당 직무에 자신이 적합한 인재임을 일관성 있게 보여준다. 이를 위해 자신의 강점과 관심사를 파악하는 진지한 자기 성찰이 선행되어야 한다. 자신을 과장하기보다는 있는 그대로의 모습을 보여주는 것이 좋다. 만약 가치관에 변화가 있었다면 그 계기를 솔직하게 말하는 것도 방법이다.

경험의 스토리텔링과 구조화다. 자신의 경험을 작성할 때는 단순하게 나열하기보다 한 편의 스토리를 들려주듯이 흥미롭게 풀어내는 것이 좋다. 경험이 자신의 삶에 어떤 영향을 주었는지를 연결해서 보여주면 읽는 사람이 지원자의 인생을 간접적으로 이해하는 데 도움이 된다. 물론 형식도 중요하다. 두괄식 구성을 통해 핵심 내용을 제시하고 서론-본론-결론의 짜임새 있는 구조로 작성한다.

지원 기관의 이해도 필요하다. 자기소개 글은 주로 기업의 인사 담당자가 읽게 될 것이다. 지원하는 기관의 특성을 고려하여 기관의 목표나 가치를 글 속에 자연스럽게 녹여낸다.

자기소개서에 제목을 붙이는 것은 글쓰기에 집중하고 인사 담당자의 시선을 사로잡는 방법이 된다. 지원 분야와 자신의 강점을 연결한 제목은 기대감을 높일 수 있다.

예를 들어 소통 능력이 중요한 직무라면 '소통은 또 하나의 스펙이다'와 같은 제목이 효과적이다. 제목에 걸맞은 구체적인 경력과 성과가 뒷받침되어야 설득력을 얻을 수 있다. 관련 방송 경력이 있다면 어떤 프로그램에서 어떤 역할을 했고, 그 과정에서 어떤 성취를 이뤘는지를 기술하고 그것이 가진 의미를 덧붙여 설명하면 인사 담당자의 이해를 도울 수 있다.

자신의 전문성을 부각하기 위해서는 전공 경력과 연결이 중요하다. 전공이 실무경력과 이론적 배경을 자연스럽게 연결해 줄 때 전문성을 더욱 드러낼 수 있다. 예를 들어 커뮤니케이션학 전공은 곧 실무 경험과 이론적 지식을 모두 겸비한 인재임을 보여주는 강력한 증거가 된다. 학업 성취나 학위도 증거 자료로 훌륭하다. 성적 우수 장학금은 성실성과 뛰어난 역량을 간접적으로 드러내는 요소가 된다. 석사나 박사 학위는 특정 분야에 대한 꾸준한 노력과 지식을 보유하고 있다는 사실을 말하지 않아도 드러난다. 만약 지도 교수의 추천서나 학생 강의 평가는 자신의 역량을 검증하는 객관적인 자료가 될 수 있다.

이러한 요소들을 자기소개서에 잘 녹여낸다면 해당 직무에 적합한 인재라는 인상을 주며 긍정적인 평가를 받을 수 있을 것이다. 자신을 가장 잘 드러내는 글쓰기 기법을 활용하여 진정성 있는 자기소개서를 완성하게 되길 응원한다.

자기소개서를 바탕으로 1분간 말하기를 연습하는 것은 면접에서 좋은 첫인상을 만드는 데 기여한다. 비록 1분 소개가 당락을 결정하는 절대적인 요소는 아니지만, 첫 단추를 잘 끼우면 자신감도 생기니 미리 준비해서 손해 볼 일은 아니다. 면접은 대체로 구조화된 형태로 진행된다. 면접관은 미리 준비된 질문으로 지원자를 평가한다. 첫인상을 효과적으로 심어주는 핵심적인 시간이다. 자신이 보여주고 싶은 이미지를 명확하게 설정하는 것이 중요하다. 이를 1분 자기소개에 담아내는 것이다. 이 짧은 시간 동안 면접관의 관심을 유발하고 자신에게 유리한 질문으로 이끌 수 있다면, 행운의 순간이 될 수 있다.

1분 자기소개는 다음과 같은 흐름으로 구성하는 것이 좋다. 먼저 소통 능력이 뛰어난 인재라는 '핵심 키워드'를 제시한다. 다음으로 왜 그렇게 말할 수 있는지에 대한 '구체적인 경험'을 예시로 들어 설명한다. 마지막으로, 지금까지의 성과를 바탕으로 어떻게 이바지할 것인지에 대한 포부를 밝히며 마무리하는 것이 팁이다.

자기소개서에는 회사와 함께 성장하고 싶다는 지원자의 진심이 자연스럽게 담겨있다. 이를 설득력 있게 전달하기 위해서는 글쓰기 능력이 필수적이다.

특히 1분 자기소개 원고를 준비하는 과정은 훌륭한 글쓰기 연습이 된다. 처음에는 부족하고 미흡한 초고로 시작할지라도 다듬는 과정을 거쳐 훌륭한 원고로 발전할 수 있다. 원고 작성을 거듭할

수록 글쓰기 실력은 향상되고, 자신을 효과적으로 표현하는 데 한 발 더 다가갈 수 있을 것이다.

03

자신감 키우기

소통의 활력소

원활한 대화를 위해서는 여러 요소가 관여한다. 적절한 말의 속도는 듣는 이의 이해를 돕고 지루함을 줄여준다. 속도가 너무 빠르면 내용 전달이 어려워지고 너무 느리면 집중력이 떨어질 수 있기 때문이다. 명확한 발음과 억양은 대화의 기본적인 토대가 된다. 입안에서 웅얼거리거나 불명확한 발음, 흐리는 어미, 어리광 섞인 억양, 질문하듯 말끝을 올리는 습관은 좋지 않은 인상을 줄 수 있다.

기본적인 말하기 요소 외에도 활력있는 대화의 첫걸음은 대화 소재에 있다. 어떤 소재를 선택하느냐에 따라 대화가 활기를 띠고 자연스러운 흐름을 타게 된다. 가장 좋은 시작점 중 하나는 모임의 목적을 활용하는 것이다. 모임에는 반드시 공통의 목적이 존재한다. 목적에 부합하는 이야기나 의견, 목적을 달성하기 위해 기울였던 노력, 해결 방안도 좋은 대화 소재다.

장소와 경험을 공유하는 것도 빼놓을 수 없는 흥미로운 소재다. 예를 들어 모임을 위해 방문했던 장소에서 느낀 감정이나 인상적인 기억을 나누는 것이다. 아늑한 찻집, 추억이 깃든 음식점, 혹은 왠지 모르게 끌리는 공간 등은 대화의 물꼬를 틀 수 있다. 특정 공간의 독특한 특징, 인테리어 소품, 개성 있는 캐릭터, 식물에 얽힌 이야기까지 모두 훌륭한 대화거리가 될 수 있다.

나아가 음식에 대한 개인적인 경험은 자연스럽게 여행 이야기로 확장이 가능하다. 음식과 관련된 영화도 무궁무진한 소재를 제공한다.

이처럼 모임의 목적, 장소, 음식 등 다채로운 소재를 활용하면 즐거운 대화를 만들 수 있다. 다만, 대화 시에는 상대방과 생각에 차이가 있다는 점은 고려할 사항이다. 자신과 다른 의견에도 열린 마음으로 임하는 태도가 필요하다.

대화 소재를 외부에서 찾을 때는 고려할 점이 있다. 먼저 대화에 참여하는 사람이 공유할 수 있는 경험과 관심사를 기반으로 선정하는 것이다. 자신의 경험을 일방적으로 나열하기보다 모두가 공감할 수 있는 접점을 찾아 이야기를 시작하는 것이 중요하다.

그리고 한 사람이 많은 시간을 독점하지 않도록 주의해야 한다. 대화는 기본적으로 서로 주고받는 상호 교환적인 활동이다. 쌍방향 소통을 위해서 상대방의 이야기를 끌어내는 질문을 적절히 사용하는 것이 핵심이다. 덧붙여 대화를 나눌 때 긍정적이고 유쾌한 주제, 좋은 인상을 남길 수 있는 점에 초점을 맞추어 훈훈하고 즐거운 분위기를 만드는 것이다.

대화의 소재는 외부 환경과 타인과의 관계에서만 얻어지는 것은 아니다. 우리는 매일 새로운 날을 맞이한다. 새로운 경험과 감정을 느끼고, 새로운 다짐과 발견하는 것들도 많이 있다. 이 모든 것이 소중한 대화의 소재들이다. 스스로에게 질문을 던지고 답하는 자가 질문을 통해 내면에서도 충분히 대화 요소를 발견할 수 있다. 외부 환경과 스스로 얻은 다양한 대화 소재를 다른 사람과 나눌 때에도 상대방이 알아들을 수 있는 목소리 크기와 이해하기 쉬운 말의 속도를 유지하는 것이 중요하다. 평소 자기 생각과 의견을 명확하게 전달하는 대화는 삶에 훌륭한 활력소가 되어줄 수 있다.

이러한 활력을 만드는 데 효과적인 방법 중 하나는 대화에서 '나 전달법(I-message)'을 사용하는 것이다. 나 전달법은 자신을 주어로 삼아 자기 생각과 감정을 진솔하게 표현하는 대화 방식이다. 아들러 심리학이나 정신 역동 치료 등 전문 분야에서 주로 활용되지만, 일상적인 대화에서도 오해를 줄이고 원활한 소통을 끌어내는 데 도움이 된다. 흔히 사람들은 자기 생각과 느낌을 잘 전달하고 있다고 여기곤 한다. 그러나 실제로는 무의식중에 상대방을 탓하거나 비난하는 표현을 사용하는 경우가 많다. 예를 들어 '왜 항상 그런 식이야?'와 같이 빈정대거나 '네가 그렇지, 뭐.'처럼 상대의 생각이나 의도를 단정 짓는 표현은 나 전달법과는 거리가 멀다. 오히려 대화를 막는 장애물이다.

나 전달법으로 생각과 감정을 효과적으로 표현하기 위해서는 다음 세 가지 단계를 따르는 것이 좋다. 이 단계는 객관적인 사실 묘사-자신의 감정 표현-구체적인 바람 요청으로 구성된다.

첫 번째는 객관적인 사실을 묘사하는 것이다. 상대방의 행동에 대해 비난 없이 그저 있는 사실만을 객관적으로 이야기하는 단계이다. 예를 들어 '당신이 나에게 이렇게 말했어'와 같이 구체적인 행동이나 상황만 전달한다. 두 번째는 상대의 행동 때문에 자신이 어떤 생각과 감정을 느꼈는지를 솔직하게 표현하는 단계이다. 예를 들어 '그런 말을 들었을 때 나를 탓하는 것 같아 마음이 아프고 슬펐다'라고 전달한다. 세 번째는 문제 해결을 위해서 상대방이 앞으로 해주었으면 하는 행동을 구체적으로 요청하는 단계이다. 예를 들어 '앞으로는 아무리 화가 나더라도 그런 말을 하지 않았으면 좋겠어'라는 자신의 바람을 명확히 전하면 된다.

나 전달법을 활용하면 건설적인 대화를 나눌 수 있다. 만약 연인이 자신의 생일에 친구를 만나겠다고 말했을 때, 이 방법을 활용하면 다음과 같이 표현할 수 있다.

"네가 내 생일에 친구를 만나겠다는 말을 들었을 때(사실), 친구 만나는 것이 나와 생일을 함께 보내는 것보다 중요하게 생각하는 것처럼 느껴져서 서운했어(감정). 괜찮다면, 친구는 다른 날 만나고, 내 생일에는 함께 시간을 보내면 좋겠어. (바람)."

이처럼 나 전달법은 갈등 상황에서 비난 대신 자신의 영향받은 감정과 바람을 명확히 전달함으로써 상대방의 긍정적인 변화를 유도하고 관계를 개선하는 데 도움을 준다. 물론 나 전달법을 효과적으로 사용하려면 평소에 자신의 행동을 돌아보는 연습이 필요하다. 인정받기 위해 무심코 했던 행동이나 말들을 되짚어보는 것이 나 전달법을 시작하는 중요한 과정이 된다.

자기를 알아가는 방법은 다양하다. 직장에서는 유능한 직원으로, 집에서는 편안한 모습으로, 친구들과 있을 때는 활발한 모습으로 각기 다른 역할을 수행한다. 심리학에서는 이처럼 다양한 모습을 페르소나(Persona)라고 부른다. 여러 가면을 쓰고 살아가는 것이지만, 만일 자신이 생각하는 모습과 타인이 바라보는 모습 간의 차이가 너무 크면 혼란을 겪을 수 있다. 물론 자신에 대해 가장 잘 아는 사람은 바로 자신이다. 하지만, 특히 청소년 시기에는 자신이 어떤 사람인가 라는 질문 앞에서 혼란을 느끼기도 한다. 중요한 것은 '나'라는 존재는 고정되어 있지 않다는 점이다. 살면서 얻은 깨달음과 배움을 통해, 혹은 외부 환경과의 상호 작용에 의해서 끊임없이 변화한다.

자신이 무엇을 위해 존재하는 사람인지를 인식할 때, 나아가야 할 목표와 방향을 설정할 수 있다. 그러므로 자신을 향한 질문과 내면의 진솔한 대화를 나누는 것이 중요하다.

우리는 살면서 부모님, 선생님, 직장 동료 등 수많은 사람으로부터 질문을 받는 것에 익숙해 있다. 정작 궁금한 것을 주도적으로 질문하는 데는 다소 망설이는 경우가 많다. 원활한 대화를 이어가는데 질문을 잘하는 것이 관건이다. 상대에 대한 관심과 알고 싶은 마음이 질문을 잘하고 깊이 있는 답을 얻는 비결이 된다.

개방형 질문은 상대방의 의견을 끌어내 활력있는 대화를 이루는 방식이다. 고대 그리스의 철학자 소크라테스도 산파술이라고도 불리는 질문 중심의 대화법을 활용하였다. 산파술은 소크라테스의 진리를 탐구 방법으로 알려져 있다. 마치 산파가 출산을 돕듯 질문을 통해 상대방이 스스로 답을 찾고 통찰에 이르도록 하는 방법을 말한다.

예를 들어 '잘 지냈어?'라는 물음은 '네', '아니오'로 끝나는 폐쇄형 질문에 해당한다. 그 대신 '어떻게 지냈니?'라고 개방형으로 묻는다면, 상대방은 구체적인 생각과 경험을 자유롭게 이야기 할 수 있다. 이는 대화의 여지를 넓히고 다양한 의견이 오갈 수 있는 기반을 마련해 준다. 개방형 질문을 실제 대화에 적극적으로 활용하지 못하는 것은 익숙한 오랜 습관 때문일 가능성이 크다.

질문은 자신이 할 수도 있고, 상대방이 할 수도 있는 활력 요소지만 어느 쪽이든 질문할 때 몇 가지 사항은 주의해야 한다. 먼저 질문에도 배려와 존중이 있어야 한다. 질문을 계속 던지면 상대방은 자신의 개인적 호기심을 채우려고 한다거나, 추궁한다고 느껴 불쾌할 수 있다. 사람들은 누구나 물리적 공간뿐 아니라 심리적 영역을 가지고 있다. 침범당하면 무의식적으로 경계를 한다. 따라서 심문하듯 느껴지는 질문이나 밝히고 싶지 않은 민감하고 지나치게 개인적인 질문은 피해야 한다. 친하다는 이유만으로 생각 없이 질문하는 것은 삼가야 할 태도다.

경청과 기다림으로 상대방이 생각할 시간을 충분히 주는 것도 중요하다. 질문만 하고 대답을 경청하지 않으면 진정한 소통이 아니다. 상대방을 배려하며 준비된 좋은 질문은 의미 있는 대화로 이어진다. 즉흥적인 질문은 자칫 말실수로 이어질 수 있으니 특히 주의한다.

활력있는 대화 관계의 구축도 중요하다. 밀도 높은 답변을 기대하기 위해서 무엇보다 친밀한 관계가 전제되어야 한다. 질문 공세를 펴는 것보다 시간을 들여 천천히 관계를 구축한 다음 개방적인 질문으로 친밀하고 즐겁게 대화를 나누는 것을 추천한다.

대화가 자연스럽게 이어지게 돕는 또 하나의 방법은 자기 개방이다. 자기 개방은 상대방의 경계심을 허물고 편한 분위기를 조성하는 장점이 있다. 낯선 사람을 처음 만났을 때 느끼는 긴장감을 줄여주고, 서로를 탐색하는 데 필요한 시간을 단축한다. 먼저 자기를 개방하는 것은 상대방을 편하게 만든다. 자연스럽게 다가오도록 유도하여 결국 지속적인 대화를 가능하게 돕는 역할을 한다. 특히 자신의 약점을 드러내는 것은 관계를 더 깊게 만드는 긍정적인 효과를 가져오기도 한다. 완벽해 보이는 사람에게는 왠지 모르게 다가가기 어렵지만, 자신의 인간적인 면모나 실수담을 솔직하게 공유할 때 상대방은 동질감을 느끼고 경계심을 풀기 쉽다.

성공적인 자기 개방이 되기 위해서는 지혜로운 접근 방법도 필요하다. 점진적으로 접근하는 것이 좋다. 일방적으로 자신의 경험만 쏟아냄으로써 불편한 관계가 되지 않도록 자기 개방을 조금씩 하는 것이 핵심이다. 자기 개방 중에 상대의 반응을 살피며 가벼운 단계에서 시작해 보는 것이 좋다. 어느 정도 자기 개방을 했을 때 상대방이 경계하는 모습을 보인다면 다가가는 속도를 늦출 필요가 있다. 자기 개방을 적극적으로 시도한다고 해서 모든 사람과 단번에 가까워지지는 않는다. 사람에 따라 다르겠지만 친밀한 관계를 맺기 위해서는 기다림이 있어야 한다는 점을 기억해야 한다.

자기 개방에도 빈발 효과와 초두 효과가 적용될 수 있으므로 대화의 속도를 조절하는 것이 좋다. 또한 자기 자랑처럼 되지 않도록 주의하며, 일시적 감정에 휩쓸린 깊은 수준의 자기 개방은 신중할 필요가 있다. 자칫 자신이 감당하기 어려워지거나, 상대방이 듣기에 불편함을 줄 수도 있기 때문이다. 이런 점들을 기억한다면 대화를 통해 활력있는 관계로 발전시키는 것이 생각보다 쉬워진다.

놀라운 경청의 힘

　상대방의 말에 귀를 기울여 듣는 것은 대단한 능력이다. 경청은 '기울일 경'에 '들을 청'이라는 한자 그대로 기울여 듣는다는 의미다. 단순히 상대방의 말을 듣고 이해하는 수준을 넘어 말하는 사람의 관점에서 그 속에 담긴 숨겨진 감정, 의도, 배경에 이르기까지 세심하게 파악하려는 노력이 수반되어야 한다. 단어의 의미를 누구나 알고 있지만, 실제로 경청을 실천하는 이는 드물다. 자신과 생각이 다를 때, 그 사람의 입장에서는 '그렇게 생각할 수 있겠구나'라고 들어 주는 것이 얼마나 어려운 일인지 생각해 보면 알 수 있다.

　사람은 기본적으로 말하는 것을 좋아하고 다른 사람의 이야기를 듣는 것을 그다지 선호하지 않는다고 한다. 주변에서 흔히 '내 말 좀 들어 봐', '얘기 듣고 있어?'와 같은 질문을 자주 하는 것도 이러한 이유 때문이다. 여전히 상대방의 관점에서 공감하며 듣는 것이 어려운 일임을 보여준다. 만약 아무도 자신의 말을 들어 주지 않고, 속마음도 말할 수 없다면, 사람은 깊은 외로움을 느끼게 된다. 곁에 가족, 친구, 동료가 있어도 깊은 속내를 드러내서 말할 수 있는 사람이 한 명도 없다고 느껴질 때 오는 우울감은 이루 말할 수 없을 것이다. 마음속에 담아둔 언어가 밖으로 나오지 못하고, 고민을 털어놓을 곳이 없을 때 마음에 병이 든다고 했다. 귀를 기울여 주는 존재, 묵묵히 경청해 주는 존재가 있다는 건 정말 행운이다. 놀랍게도 상대의 말을 듣는 것만으로도 대화가 잘 이루어지는 것을 경험할 수 있다. 이러한 경험을 통해 효과적인 듣기 기술인 경청이 관계에서 얼마나 긍정적인 영향을 미치는지 깨닫게 된다.

경청에는 여러 종류가 있는데 그중 하나가 소극적 경청이다. 적극적 경청이 상대방의 말에 더 집중하고 적극적으로 반응하는 것이라면, 소극적 경청은 상대의 말을 가로막거나 화제를 바꾸지 않고 묵묵히 상대방의 말을 따라가면서 수동적으로 들어 주는 것을 의미한다. 상대의 말에 어떤 반응을 보여야 할지 망설이거나, 엉

풍한 말을 하고, 불필요한 의견을 제시하기보다는 단순히 '응', '아, 그렇구나'와 같은 반응만 잘해도 호감을 얻을 수 있다. 바로 이 방법이 소극적 경청의 핵심이다. 굳이 토를 달거나, 자기 의견을 덧붙이지 않아도 괜찮다. '그렇구나', '그랬구나', '그래서?', '어떻게 된 건데?'라며 상대방의 말을 이해했다는 반응만으로도 상대방은 신나게 말할 수 있다. 예를 들어 두 사람이 밥을 먹으면서 대화한다고 가정해 보자. 한 사람이 계속해서 자신의 경험에 대해 말하고 다른 사람은 밥을 먹으면서 '응, 응, 그래'라고 간헐적으로 반응한다. 이 경우 소극적 경청을 하는 사람은 식사하면서 최소한의 대답만 하고 있지만, 상대방은 충분히 만족스러운 대화였다고 느낄 것이다.

경청의 효과를 높이기 위해서는 비언어적인 태도도 중요하다. 시카고 대학의 명예교수인 제라드 이건(Gerad Egan)은 비언어적 경청 방식을 각 단어 첫 글자를 조합해 '솔러(SOLER)'라고 이름 붙였다. 각 요소에 대해 설명하면 다음과 같다.

S(Squarely)는 상대방을 향해 마주 보고 앉는 자세를 취하는 것이다. 상대 쪽으로 몸을 향하지 않으면 이야기를 듣지 않는다고 느끼게 할 뿐 아니라 의사 전달에도 부정적인 영향을 미칠 수 있다. 물론 상대와의 관계나 성별을 고려하여 앞서 언급한 안정적인

거리를 유지가 필요하다.

O(Open Posture)는 자신이 마음을 열고 있음을 상대가 느끼도록 개방적인 자세를 취하는 것을 의미한다. 상대가 이야기할 때 가슴을 펴고 '당신의 얘기를 잘 들을 준비가 되어 있다'라는 태도를 보이면, 상대를 있는 그대로 수용하겠다는 마음이 전달될뿐더러 신뢰를 느끼게도 한다. 상담에서는 이러한 신뢰 관계 형성을 라포(Rapport)라고 한다. 마음을 터놓고 말할 수 있도록 열린 자세를 보여주는 것은 라포 형성에 매우 중요하다. 비언어적인 태도를 통해서도 상대방에게 진심을 전달할 수 있다.

L(Lean)은 몸 기울이기다. 흥미진진한 이야기 속으로 빨려들 때 몸이 저절로 상대방에게 기울어지는 것과 같은 이치다. 상대방을 향해 몸을 살짝 기울이는 것은 '열심히 듣고 있다'라는 긍정적인 신호이므로 대화에 도움이 된다.

E(Eye Contact)는 이야기하는 동안 눈을 마주치는 것이다. 눈 맞춤이 되지 않으면 이야기에 관심이 없고, 듣지 않는다고 오해할 수가 있다. 상대의 눈을 바라보는 것이 부담스럽게 느껴진다면 약간의 기술이 필요하다. 시선이 상대의 미간과 코 중간, 인중을 오르내려도 상대는 자신을 바라보고 있다고 생각한다. 시선을 약 3초 정도 유지하고, 잠시 시선이 다른 곳으로 옮겼다가 다시 눈을

바라보는 방식을 반복하면 전혀 부담스럽지 않게 눈 맞춤을 할 수 있다. 이는 경청하고 있음을 전달하는 최고의 방법이다.

마지막으로 R(Relaxed)은 편안한 마음으로 긴장을 풀고 이야기할 수 있도록 상대를 배려하는 태도다. 만약 듣는 사람이 시계를 보거나, 산만한 모습을 보인다면 어떤 생각이 들까? 빨리 끝내라는 속마음을 드러내는 것처럼 느껴질 것이다. 이런 태도는 상대방을 조급하게 만들고 심지어 하려는 말도 잊게 만든다. 편안하고 안정된 태도는 상대방이 솔직하게 자신을 드러내도록 돕는다.

앞에서 설명한 소극적 경청과 다르게 보다 능동적으로 상대방의 말에 공감하는 것을 적극적 경청이라고 한다. 적극적 경청은 공감이 중요한 특징이다. 여기에 더해 반영적 경청은 소극적 경청보다 한 차원 높은 경청 방식으로 다소 어렵게 느껴질 수 있다. 상대방의 말과 행동을 통해 표현되는 감정, 생각, 태도 등을 파악하고, 이를 요약해서 다시 상대방에게 들려주는 것이라 그렇다. 예를 들어 '네가 이런 얘기를 했어'와 같이 상대가 말한 내용을 확인해 주거나 상대의 말을 바탕으로 그의 감정이나 생각을 추측해서 돌려주는 기술이 바로 반영적인 경청이다. 이로써 상대가 말한 내용의 의미와 핵심을 한 번 더 짚어 주고 말한 사람 스스로가 문제를 분석하고 해결해 나가도록 도움 주는 역할을 한다.

반영적인 경청은 평서문 형태를 띤다. 단순히 궁금해서 물어보는 질문과 달리 대방의 말 속에 숨겨진 감정이나 의도를 발견해서 다시 상대방에게 돌려주는 것이 반영적 경청이기 때문이다. 예를 들어 '이야기를 들어 보니 불편함을 느끼고 있군요'라고 말하는 것은 반영적 경청에 해당한다. 이는 자신이 이해한 것을 바탕으로 상대에게 전달하는 것이므로 문장의 끝을 내려야 한다. 상대방이 언급하지 않았지만, 이야기 속에 내포된 감정이나 숨겨진 의미를 찾아내 알려 주는 반영적 경청은 어려운 기술이지만 연습할 가치가 충분하다.

구체적인 대화 상황을 예로 들어 보겠다. 친구가 '나 회사에 제안서를 냈는데 연락이 안 오네'라고 말한다면 그 말속에 '나는 떨어졌나 봐'하는 걱정스러운 마음이 담겨있을 가능성이 높다. 이 때 활용할 수 있는 반영적 경청은 '연락을 기다렸는데 제안 결과가 좋지 않은 것 같아서 속상하구나'와 같이 말할 수 있다. 친구가 직접 말하지 않았지만, 내포된 감정과 의미를 파악해서 전달해 준다면 '이 사람은 진짜 내 마음 잘 알네'라고 생각할 것이다.

유사한 예로 만약 상대방이 '이성 친구가 연락을 왜 안 하는지 모르겠어'라고 말한다면, 이 말 속에는 '이성 친구가 연락을 자주

해 줬으면 좋겠어'라는 바람이 담겼다고 해석할 수 있다. 연락을 안 하는 상황에 대해 '이성 친구가 나에게 더 이상 관심이 없는 것이 아닐까?'라는 불안감이 잠재되어 있을 가능성도 보인다. 이런 상황을 반영한다면 '이성 친구가 연락하지 않는 것이 너를 덜 생각하는 것 같아 신경 쓰이는 구나', 또는 '이성 친구가 자주 연락했으면 좋겠다는 마음이 간절하구나'라고 상대방의 감정을 짚어서 말해 줄 수 있다.

반영적 경청을 할 때 내용뿐만 아니라 전달하는 방식과 어투에도 세심한 주의를 기울여야 한다. '네가 원하는 대로 되면 좋겠지만, 인생이 뭐 그렇게 쉽게 풀리겠어? 그러니까 너무 실망하지 마'라는 말은 겉으로는 위로해 주려는 것처럼 보일지 몰라도, 실제로는 듣는 사람의 기분을 상하게 할 수 있다.

반면, 제대로 된 반영적 경청은 상대방의 마음이 따뜻하게 감싸 주는 강력한 힘이 있다. '네가 그렇게 기다렸는데 연락이 오지 않아서 정말 속상했겠구나', '이성 친구가 신경을 안 써 주는 것 같아서 아주 우울했겠구나'라고 진심으로 상대방의 감정을 이해해 주는 친구가 있다면 정말 행운이라고 할 수 있다.

레시피로 소통하기

언어를 통한 의사소통은 크게 구두적 의사소통과 문서적 의사소통으로 나눌 수 있다. 구두적 의사소통에서는 말의 빠르기가 듣는 사람의 이해에도 결정적인 영향을 미친다. 말의 속도는 음절 수와도 밀접한 관계가 있다. 예를 들어 '아침'이라는 단어가 '아'와 '침'이라는 두 개의 음절로 구성되어 있듯이 음절 수에 따라 말의 빠르기를 조절할 수 있다. 분당 발음되는 음절 수를 SPM(Syllable Per Minute)이라고 부른다. 말하기 속도를 점검하고 최적의 SPM을 찾는 것도 좋은 방법이 된다.

일반적으로 1분당 약 350음절 정도의 속도로 말할 때 듣는 사람이 편하게 이해할 수 있다고 한다. A4 용지 10포인트 기준으로

10~11줄 정도의 글을 1분 이내에 읽는 속도와 유사하다. 같은 조건에서 8줄 미만의 글을 1분 안에 읽는다면 분당 음절 수가 300 이하로 줄어들어 대화에 활력이 없고 느린 느낌을 줄 수 있다. 반대로 분당 400음절 이상으로 말하면 빠르다고 느끼는 경향이 있다. 13줄 이상의 글을 1분 안에 읽으면 발음이 정확하게 들리지 않거나 상대가 이해하는 속도보다 말소리가 빨라서 내용을 파악하기 어려울 수도 있다. 분당 300음절에서 400음절 사이인 350음절 정도의 속도는 메시지를 정확하게 전달하고, 효과적인 소통을 가능하게 하는 가장 적절한 말의 속도라고 할 수 있다.

전달해야 할 정보가 많고 복잡할 때는 전체 내용을 몇 부분으로 나눠서 설명하는 것이 이해도를 높인다. 예를 들어 '어디 가서 무엇을 사고, 그 후에 누구에게 전달하고, 확인서를 받아서 돌아오라'는 지시는 각 단계를 분리해서 설명함으로써 정보를 놓치지 않게 해야 한다. 상대방이 모든 내용을 제대로 이해했는지 확인하는 과정을 거치면 메시지를 더욱 정확하게 전달할 수 있다.

예상치 못한 대화 상황에 대비한 소통의 기술들은 쓸모가 크다. 살다 보면 말해야 하는 상황인데 갑자기 말문이 막히거나 하고 싶은 말을 꺼내기 어려운 순간들을 마주하곤 한다. 예를 들어 누군가의 부탁을 받았을 때 어떻게 반응해야 할지 망설이거나, 거절하고 싶지만 그러지 못해 힘들어하는 사람들이 많다. 칭찬해야 할 상황이 생겨도 적절한 표현을 찾지 못해 좋은 말을 전하기 어렵거나 반대로 자신이 필요한 것을 어떻게 요청해야 할지 막막하게 느껴질 때도 있다. 이처럼 난감한 상황에 직면할 때, 다음에 소개하는 말하기 기술이 큰 도움이 될 것이다.

첫 번째로 소개할 기술은 주로 상대의 잘못을 지적하거나 조언, 충고해야 할 때 유용한 샌드위치 화법이다. 지적하는 상황에서 말하는 사람도 불편하고, 듣는 사람도 기분이 상하기 쉬운데 샌드위치 화법은 이러한 거부 반응을 줄이는 데 효과적이다.

이 방법은 설득의 3단계인 칭찬-핵심 지적-격려의 구조를 활용한다. 비록 요점은 충고와 잘못을 지적하는 것이지만, 상대방이 가진 고유한 장점을 먼저 언급하여 긍정적인 분위기를 조성하는 것이다. 칭찬의 말로 시작해서 핵심적인 내용인 잘못에 대한 지적이나 불편한 사항을 전달하고, 이후에 격려의 말로 마무리하는 것이 기본 구조다. 가장 하고 싶은 핵심적인 내용을 긍정적인 말들로 앞뒤를 감싸는 형태가 마치 샌드위치와 같다고 하여 붙여진 이름이다.

예를 들어 상사가 부하 직원의 업무 결과물이 미흡하다고 판단하여 지적하고 싶을 때를 가정한다. 단순히 지적만 한다면 부하 직원이 잘못을 알고 수정하겠지만, 동시에 기분도 상할 수 있다. 이럴 때 샌드위치 화법을 이용하여 다음과 같이 말할 수 있다.

'서니 씨는 참신한 아이디어 제시 능력이 뛰어나지. 내가 여러 번 보면서 늘 감탄했어.(칭찬) 근데 이번 프로젝트 결과물을 보니, 그 참신함이 덜 반영된 것 같아 아쉽네. 원래 잘하는 사람이라 기대가 컸는데, 이번 보고서에는 근거가 다소 부족해 보여. 설득력 있는 자료를 추가하면 좋겠어.'(지적)

여기에 더해 '필요한 것이 있으면 요청해. 내가 적극 도와줄게.'라고 격려의 말을 덧붙이면 금상첨화다. 샌드위치 화법을 통해 상대방은 자신의 실수를 만회하려는 긍정적 동기를 얻고 불편함 없이 발전적인 방향으로 나갈 수 있을 것이다.

샌드위치 화법은 직장에서뿐 아니라 친구들 간의 대화에서도 유용하다. 예를 들어 친구에게 어제 입었던 옷의 색깔이 마음에 들지 않았다는 의견을 전하고 싶을 때도 친구의 기분이 나쁘지 않으면서도 효과적으로 전달할 수 있다.

먼저 '너는 어떤 옷을 입어도 참 잘 어울려. 어제 입은 옷도 디자인 자체는 괜찮았어.'와 같이 칭찬의 말로 긍정적인 분위기를 조성한다. 이어서 '내가 보기에 그 색상은 너의 미모를 받쳐 주지 않는 것 같아. 쿨톤 계열로 바꾼다면 우아함이 살아날 것 같은데'라고 의견을 부드럽게 건넨다. 마지막으로 '네 미모가 뛰어나 같이 다니면 내가 비교될까 봐 걱정되는걸'이라고 유머 섞인 칭찬으로 마무리하면 친구의 기분이 상할 리 없다. 듣는 사람의 기분까지 생각해 주는 샌드위치 화법을 적극적으로 사용해 보는 것이 어떨까 한다.

일반적으로 처음부터 끝까지 칭찬으로 가득 채우는 것보다 칭찬 사이에 적절한 조언이나 비판적 의견을 섞어 전달하는 것이 더 효과적인 칭찬 방법이라고 한다. 칭찬 일색의 대화보다는 칭찬-조언-칭찬의 샌드위치 화법처럼 구성하는 것이 듣는 이에게 울림을 줄 수 있다니 써 볼 만하다.

나폴레옹 보나파르트가 '아첨을 잘하는 사람은 헐뜯는 요령도 아는 사람'이라고 말했듯이 과도한 칭찬은 경계해야 한다. 하지만, 동시에 칭찬을 좋아하지 않았던 나폴레옹조차 막상 칭찬을 들으면 좋아했다는 이야기도 전해지는 것을 보면 칭찬이 얼마나 강력한 긍정의 힘을 가졌는지 알 수 있다. 질책이나 비난과는 비교할 수 없을 정도다. 상대방을 칭찬할 때는 그 사람이 중요한 존재임을 느끼게 해주는 것이 포인트다. 단순히 '잘했어', '마음에 들어', '좋았어'와 같은 막연한 표현보다는 구체적인 행동이나 결과를 언급하며 칭찬하는 것이 좋다. 예를 들어 '다른 사람이 보지 않는 곳에서도 쓰레기를 줍고 있구나. 대단해 보인다'라고 세부적인 행동을 언급하는 칭찬은 노력을 인정받는 기쁨을 준다. 무엇이 좋았는지, 어떤 점이 마음에 들었는지, 어떤 행동이 인상적이었는지 등 구체적으로 말할 때 칭찬의 효과가 훨씬 크다는 점을 기억하자.

두 번째로 소개할 말하기 기술은 요구와 거절에 관한 것이다. 다른 사람에게 무언가를 요구하거나 반대로 요구를 거절해야 하는 다양한 상황에 놓이곤 한다. 부모님께 용돈 인상을 요구하는 일부터 친구에게 도움을 요청하거나, 배우자에게 난감한 이야기를 해야 할 필요가 생긴다. 심지어 학교나 직장, 사회에서도 상대방에게 자신의 의사를 전하는 것이 생각보다 쉽지 않을 때가 많다. 효과적으로 요구하거나 거절하기 위해서는, 무엇보다 상대방의 상태를 살피고 적절한 타이밍을 포착하는 것이 중요하다. 상대방이 이야기를 받아들일 가능성이 높은 시점을 선택해야 하기 때문이다.

특히 가장 어렵게 느껴지는 것이 거절이다. 일반적으로 거절할 때 먼저 사과를 하라는 조언을 듣기도 한다. 예를 들어 누군가 도움을 청할 때 '못 하겠다'고 당연하게 말하기보다 '죄송해요. 제가 이쪽 일을 잘 몰라서 어렵겠네요'라고 말하는 것이 정중하고 배려심 있는 태도라는 의견이 있다. 하지만 때로는 이런 사과가 과하다고 느껴지기도 한다. 불필요한 사과나 변명으로 에너지를 소모하고 싶지 않은 마음이 들 수 있기 때문이다. 이러한 경우 자신의 상황과 의사를 명확하고 정중하게 전달하는 태도는 중요하다. 요구에 응할 수 없을 때는 그 이유는 설명하되, 구구절절 변명하는 것처럼 들리지 않도록 유의한다. 예를 들어 다음과 같이 명확하고 간결하게 의사를 전달할 수 있다. '죄송합니다. 지금 외부에 나와 있어서 어렵습니다', '그 업무에 집중할 수 있는 상황이 아닙니다', '제가 이번에는 도움을 드리기 어려울 것 같습니다.' 그리고 가능하다면 '다음에 비슷한 요청을 하신다면 그때는 기꺼이 도와드리겠습니다'와 같은 말로 대안을 제시하며 긍정적 분위기를 유지하는 것이 중요하다.

거절이 불편하고 어렵다고 해서 변명하는 것은 오히려 좋지 않다. 또한 상대에게 불필요한 기대를 심어줄 수 있는 모호한 답변은 피해야 한다. 예를 들어 불편한 마음에 '가능할지 모르겠어요'라고 답하면 상대방은 '아직 확실하진 않지만 검토해 볼 가능성이 있다'고 오해하고 기대를 품을 수 있어 추후 의사소통에 문제가 생길 수 있다. 차라리 단호하게 '그 일은 어렵습니다. 요청해 주셔서 감사합니다'라고 명확하게 말하는 것이 모호한 태도를 보이는 것보다 훨씬 낫다.

거절할 때는 상대가 당황하거나 불쾌해하지 않도록 정색하는 표정이나 경직된 말투를 사용하지 않는 것이 중요하다. 상대의 요구가 황당하고, 터무니없게 느껴지더라도 '죄송합니다만, 제가 그 일에는 능숙하지 못합니다'라고 부드럽게 표현하는 것이 현명하다. 거절이 어렵게 느껴진다면 칭찬하는 일보다 더 많은 연습이 필요하다.

세 번째로 소개할 기술은 상대방을 설득할 때 유용할 방법이다. 자신이 원하는 것을 상대가 들어주기를 바라는 상황에 직면할 경우가 있다. 이럴 때 활용할 수 있는 방법의 하나가 문 안에 발 들여놓기(foot-in-the-door) 기법이다. 이 기법은 마치 문이 닫히려는 순간 발을 재빨리 밀어 넣어 문이 완전히 닫히는 것을 막고 공간을 확보하는 것처럼 처음에는 상대방이 쉽게 들어줄 만한 작은 부탁부터 시작하는 것이다. 작은 부탁을 들어주게 한 뒤 점차 더 큰 부탁으로 나아가도록 유도하는 방법이 바로 문 안에 발 들여놓기 기법이다.

이 기법이 통하는 이유는 일관성과 인지 부조화의 원리가 작용하기 때문이다. 상대방이 처음에 비교적 작은 부탁을 들어주었다고 가정 하자. 이후에 그보다 조금 더 큰 부탁을 받게 되면 사람들은 자신의 이전 행동과 일관성을 유지하려는 심리적 경향을 보인다. 게다가 이러한 과정이 몇 번 반복되면서 자신의 행동을 합리화하며 심리적 불편감을 해소하려 해서 점차 더 큰 부탁을 거절하기가 어려워진다.

이 기법을 효과적으로 사용하려면 자신이 원하는 최종 목표가 100이라고 가정할 때 처음에는 10에서 20 정도의 가벼운 것부터 부탁해야 한다. 그 후 점차 더 큰 부탁을 순차적으로 제시하는 것이 중요하다. 이를 뒷받침하는 흥미로운 연구 결과가 있다. 한 연구팀은 기부 요청에 대한 사람들의 반응을 조사했다. 기부를 요청했는데 이미 기부했다거나 다음에 하겠다는 대답을 들으면 더 이상 권유하기 어렵다는 사실을 발견했다. 이에 기부를 부탁하기 전에 서명 운동에 먼저 참여해 달라고 요청하는 실험을 진행한 것이다. '힘들어하는 아이들을 돕기 위한 서명 운동에 동참해 달라'는 요구에 사람들은 어렵지 않게 응해 주었다. 놀랍게도 먼저 서명 요청을 받은 사람들이 기부에 많이 참여했고, 기부를 했더라도 더 큰 금액을 기부하는 경향을 보였다고 한다. 이처럼 문 안에 발 들여놓기 기법은 상대에게 거부감 없이 서서히 다가가 원하는 결과를 얻을 수 있는 효과적인 설득 전략이다.

다음으로 소개할 설득 전략은 문 안에 발 들여놓기 기법과 반대되는 개념인 면전에서 문 닫기(door-in-the-face) 기법이다. 이 전략은 처음부터 상대방이 받아들이기 어려운 무리한 상황을 의도적으로 만들어 거절을 유도하는 방식이다. 예를 들어 자신이 원하는 도움의 크기가 50이라고 가정했을 때, 먼저 200이라는 터무니없이 과장된 도움을 요구하여 상대방의 거절을 유도한다. 이후 원래 원했던 50만큼만 도와달라고 하여 목표를 관철하는 방법으로 활용할 수 있다.

면전에서 문 닫기 기법은 학습 욕구를 높이는 데에도 효과가 있는 것으로 알려져 있다. 만약 학생들에게 문제 100개를 내면서 풀라고 지시하면 대부분의 학생은 양이 너무 많다고 항의할 것이다. 이때 마지못해 양보하는 척하며 20개만 풀어도 좋다고 제안하면 학생들은 불만 없이 주어진 과제를 완수할 가능성이 높아진다. 자녀에게 공부를 시킬 때 이 방법을 사용해 보는 것도 좋을 것이다.

이러한 의사소통 상황에서 앞서 소개한 방법을 적절히 활용하면, 상대방의 감정을 상하게 하지 않으면서도 원하는 결과를 얻을 수 있을 것이다.

비언어로 말하기

비언어적인 기법은 언어를 사용하지 않고도 소통을 가능하게 한다. 표정, 자세, 태도, 시선, 목소리, 동작 그리고 복장에 이르기까지 비언어적 요소들은 높은 신분이나 부유함을 나타내는 등 시대를 초월하여 사회 전반에서 중요한 신호로 활용됐다. 그중에서도 시선, 어조, 제스처, 이동, 외형, 이 다섯 가지는 발표에서의 효율적인 비언어적 소통을 위한 핵심 요소로 꼽는다.

눈은 마음의 창이라는 말처럼 '시선'은 의사소통의 중요한 수단이다. 눈은 내면을 드러내고 상대의 마음 상태를 짐작하게 하는 감정 지표이기 때문에 시선 접촉을 매우 중요하게 여긴다. 시선 접촉이 부족하면 진실성이나 흥미가 없는 것으로 해석될 수 있다.

상대방이 시선을 마주치지 않고 허공을 응시할 때 종종 불편함을 느끼게 된다. 사람들 앞에서 말하는 상황에서는 이러한 불편함이 더욱 커질 수 있다. 반면, 웃어 주는 청중이나 고개를 끄덕이는 사람과 눈을 맞추면 불안감이 한결 줄어들기도 한다. 시선을 오른쪽에서 왼쪽으로, 다시 오른쪽으로 번갈아 분산시키면 마치 청중과 소통하는 듯한 인상을 줄 수 있다. 한 사람과 눈 맞춤 시간은 1초에서 3초 정도가 적절하다. 따뜻하고 존중하는 눈빛, 밝은 미소로 진정성 있게 대면하는 것이 중요하다.

이처럼 눈 마주침은 비언어적인 의사소통에서 필수적이다. 다만, 어떤 문화권에서는 눈을 똑바로 바라보는 것이 실례될 수 있으므로 다른 문화권의 사람들과 교류할 때는 사전에 예절을 확인하고 주의할 필요가 있다.

다음으로 중요한 비언어적 요소는 '어조(tone of voice)'다. 어조는 단순한 말의 높낮이나 강약을 의미하는 것을 넘어, 전달하는 내용에 감정과 태도를 담아내는 중요한 역할을 한다. 예를 들어 '알겠다'라는 말을 밝고 긍정적인 어조로 말하면 상대의 요청을 흔쾌히 수락하는 듯한 인상을 주지만, 같은 말을 나른한 어조로 말하면 마지못해 따르는 듯한 느낌을 줄 수 있다. 차갑고 힘이 실린 목소리는 자칫 공격적으로 들릴 수도 있다. 말의 내용뿐만이 아니라 어떠한 어조로 말하는지에도 주의를 기울여야 한다.

말에 효과를 높이는 몸짓이나 손짓을 '제스처(Gusture)'라고 부른다. 제스처는 말로 설명하기 어려운 내용을 시각적으로 표현하여 이해를 돕고 메시지를 더욱 생생하게 만든다. 말하는 사람의 감정을 드러내는 등 다양한 역할을 수행한다. 손을 흔들어 인사하거나, 고개를 끄덕이고, 손가락으로 방향을 가리키는 것 등이 모두 제스처에 해당한다.

제스처 사용 시 뒷짐 지는 행동은 괜찮지만, 팔짱을 끼는 것은 방어적이거나 거만하게 보일 수 있으므로 피하는 것이 좋다. 손을 어디에 두어야 할지 고민된다면 차려 자세를 취하거나 앞으로 손을 모으는 자세가 일반적으로 적절하다. 제스처를 취한 후에는 자연스럽게 다시 원래 자세로 돌아온다.

팔을 움직일 때는 팔꿈치를 몸통에서 살짝 떼어 자연스러운 범위 내에서 운용하는 것이 좋다. 팔동작은 상승하는 지표와 같이 변화의 흐름을 표현할 때 매우 효과적이다. 강조하고 싶은 내용은 크고 확실하게 표현하는 것이 좋다. 예를 들어 팔꿈치를 겨드랑이에서 멀리 떼며 점진적으로 강조하거나 팔을 쭉 뻗는 동작은 시각적으로 강한 효과를 남기기에 적합하다.

무대에서 발표자의 효과적인 '이동'은 발표의 흐름을 더욱 풍성하게 만든다. 이때 주로 활용되는 것이 가로축 이동과 세로축 이동이다. 가로축 이동은 연단을 기준으로, 좌우로 움직이는 것을 말한다. 주제나 서론, 본론 등 내용의 전환이 있을 때 사용하면 청중에게 시각적인 변화를 제공하여 집중을 유도할 수 있다. 세로축 이동은 강조하고 싶은 내용을 전달할 때 청중에게 더 가까이 다가가는 움직임이다. 메시지의 중요성을 부각하고 청중과의 교감을 강화하는 방법이 된다.

이동 후 원래 자리로 돌아올 때는 뒷걸음질 대신 사선 방향으로 움직이는 것이 좋다. 시선은 항상 청중을 향하도록 유지한다. 앞으로 나아갔다가 사선으로 청중을 바라보면서 제자리로 돌아오고 다시 옆으로 이동하는 등의 동작은 무대 공간을 적극적으로 활용하여 역동적이고 자신감 있는 모습으로 어필할 수 있다.

비언어적인 의사소통에서 첫인상을 결정짓는 '외형' 또한 중요한 부분이다. 디터 제체(Dieter Zetsche), 스티브 잡스(Steven Paul Jobs), 에마뉘엘 마크롱(Emmanuel Macron)과 같은 인물들은 자신만의 스타일이나 옷차림을 통해 개성을 드러내고 특정 이미지를 구축했다. 디터 제체는 독일 메르세데스-벤츠 모기업인 다임러 크라이슬러의 회장이었다. 그의 트레이드마크인 하얀 콧수염은 시그니처가 되었으며 한 모터쇼에서는 청바지 차림으로 등장하여 '다이내믹한 자동차 회사의 CEO'라는 이미지를 구축하는 데 기여했다는 평가를 받았다.

스티브 잡스는 처음부터 옷을 잘 입는다는 평을 받았던 것은 아니었다. 오히려 한때 워스트 드레서로 꼽히기도 했다. 옷을 못 입는 데다 유행도 따르지 않았기 때문이다. 그는 1998년부터 청바지에 검은색 터틀넥을 즐겨 입었다. 처음에는 대중에게 '왜 항상 똑같은 옷만 입느냐'는 질문을 받기도 했다. 그럼에도 잡스는 자신의 스타일을 바꾸지 않았다. 시간이 지나면서 이 동일한 복장은 그의 확고한 생각과 주관을 상징하게 되었다. 늘 같은 옷을 입는 것이 패션 감각의 문제가 아니라, 한 가지에만 몰두하는 그의 정신을 반영하는 것으로 받아들여지면서 대중이 그를 인식하는 이미지의 변화를 불러왔다. 이는 옷차림이 자신을 대변하고 이미지를 형성하며 영향력을 줄 수 있는 중요한 비언어적인 커뮤니케이션 수단임을 보여주는 상징적인 사례라고 할 수 있다.

에마뉘엘 마크롱 프랑스 대통령은 39살에 프랑스 역사상 최연소 대통령이 되었으며 재선에도 성공하였다. 그의 취임식 복장은 겉보기에는 명품처럼 보였지만 실제로는 중저가 브랜드의 옷이었다고 알려져 있다. 이는 서민층에게 좀 더 친근하게 다가가고, 이전 정권과는 다른 새로운 시작을 보여주려는 의도가 담긴 전략적인 선택이었다고 해석된다. 새로운 정권의 의지를 비언어적으로 표현한 중요한 커뮤니케이션이었던 셈이다.

옷은 몸을 가리는 기능을 넘어 다양한 의미로 해석될 수 있다. 달라진 상황이나 의지를 나타내는 지표가 될 수 있으며, 때로는 그 사람의 품격을 짐작하게 하는 기준이 되기도 한다. 무엇을 좋아하는지, 어떤 태도를 가졌는지는 이처럼 비언어적인 신호를 통해 드러나는 경우가 많다.

영화 '슈퍼맨'의 주인공 클라크 켄트가 좋은 예시다. 그는 평소에는 다소 어리숙한 기자로 생활하다가 중요한 임무를 위해 슈퍼맨으로 변신할 때는 망토를 두르고 위풍당당한 모습으로 나타난다. 이처럼 회의나 강연 등 중요한 자리에서 자신감을 얻는 것 또한 복장을 제대로 갖춰 입는 것에서 시작될 수 있다. 슈퍼맨이 망토를 두르고 든든하게 무장하는 것과 다름없는 자신감을 부여하는 행위라 할 수 있다. 언어적 능력뿐만 아니라 비언어적인 자본까지 효율적으로 활용할 수 있다면 우리는 의사소통에서 이중으로 큰 이점을 얻을 수 있을 것이다.

비언어적인 기법의 중요성을 뒷받침하는 연구로는 메러비안 법칙(The low of Mehrabians)과 폭스 박사 효과(Dr. Fox effect)가 있다. 메러비안 법칙은 커뮤니케이션 시 정보가 전달되는 방식을 언어적인 요소(7%), 청각적인 요소(38%), 시각적인 요소(55%)로 나누어, 비언어적인 요소가 정보 전달에 압도적인 영향을 미친다고 설명한다. 언어적 요소는 말의 내용을, 청각적 요소는 목소리 톤과 속도를, 시각적 요소는 표정과 자세 등을 포함한다. 예를 들어 '음식이 맛있다'고 말할 때를 상상해 보자. 무표정하게 기계처럼 말하는 경우, 밝은 표정을 지으며 말하는 경우, 감정과 말의 높낮이를 넣어 말하는 경우이다. 같은 말이라도 표정, 자세, 목소리 톤 등 비언어적 요소를 어떻게 활용하느냐에 따라 의미 전달과 효과가 달라짐을 알 수 있다. 메러비안 법칙은 커뮤니케이션에서 비언어적 요소가 정보 전달에 매우 큰 비중을 차지한다는 점을 강조한다.

1970년대에 수행된 폭스 박사 효과 역시 전달 방식의 중요성을 극적으로 보여준다. 엘리트 청중 앞에서 폭스 박사는 몹시 어려운 수학 논문을 발표하는 강연을 진행했다. 그는 강연 내내 시종일관 자신감 넘치는 태도와 깔끔한 외모, 전문가다운 복장으로 논문 내용을 아주 쉽게 설명하였다. 청중들은 그의 강연에 환호했고 호의적인 반응을 보였다. 심지어 그의 논문을 읽어 보겠다는 사람들도 생겨났다. 하지만, 놀랍게도 해당 강연은 배우가 '폭스'라는 가상 인물을 연기한 것이며, 논문 또한 학술적 근거가 없는 무의미한 것이었다. 이 연구는 발표 내용의 가치만큼이나 그것을 전달하는 방식, 즉 형식이 매우 중요하다는 것을 증명해 주었다.

발표 내용이 잘 준비되었다는 전제하에, 듣는 사람이 받아들이는 내용은 전달 형식에 따라 확연히 달라질 수 있다는 것이다. 비언어적인 기법을 활용한다면 호의적인 반응과 '발표를 잘한다'는 긍정적인 평가를 받을 수 있다. 이러한 현상을 '폭스 박사 효과'라고 부른다.

메러비안 법칙과 폭스 박사 효과는 모두 발표자의 표정, 자신감, 태도 등 비언어적 요소가 사람들의 평가에 영향을 미친다는 점을 강조한다. 비언어적 기법은 발표자를 긍정적으로 인식하게 만들거나 호감 가게 하는 데 중요한 역할을 한다는 공통점을 가진다.

성공적인 이미지를 위해서는 겉으로 보이는 생김새뿐만 아니라 말, 복장, 태도, 표정, 자세 등을 종합적으로 아우르는 폭넓은 시각이 필요하다. 이미지 메이킹은 존재하는 것을 새롭게 만들어 내는 것에서 나아가 개인이 지닌 잠재력을 실제보다 더욱 돋보이게 하는 과정이라고 할 수 있다.

 우리는 세상을 주로 이미지로 인식하고 받아들이기 때문에 원하는 이미지를 만들기 위해 시간과 노력을 기꺼이 투자한다. 닮고 싶은 이미지를 구상하고 그 이미지를 통해 성공적으로 변신한 자신의 모습을 상상하는 것만으로도 긍정적인 기운과 자신감을 얻을 수 있을 것이다.

대화 나르시시즘

사람들은 대화 속에서 자연스럽게 자신을 이야기하려는 성향을 보인다. 이러한 특성을 흥미롭게 설명하는 개념이 대화 나르시시즘(Conversational Narcissism)이다. 이 용어는 보스턴 대학교의 찰스 더버(Charles Derber) 교수가 자신의 저서를 통해 소개하면서 알려지게 되었다.

대화 나르시시즘은 상대방의 이야기에 귀 기울이는 경청을 방해하는 경향이 강하다. 대화의 초점을 자신에게 가져오려는 무의식적인 욕구에서 비롯되는데, 자기 행동을 스스로 알아차리기 어렵다는 특징이 있다. 무의식적인 특성으로 인해 반복적이고 지속적으로 나타나고 근본적으로는 관심을 받고자 하는 심리가 반영된 것이라고 해석할 수 있다.

대화의 반응에는 두 가지 유형이 있다. '전환 반응(Shift-response)'과 '지지 반응(Support-response)'이다. 먼저 전환 반응은 대화 초점을 자신에게로 가져와 자기 경험이나 생각을 내세우는 방식이다. 대화 나르시시즘은 전환 반응에서 잘 나타난다. 이런 반응을 보이는 대화의 예시는 다음과 같다.

예시 1

A: "요즘 회사에 일이 많아서 정말 바빠. 힘들어 죽겠어."
B: "나도 요즘 너무 바빠. 어제도 야근했어."
"나는 아침부터 벌써 녹초가 된 것 같아."

예시 2

A: "요즘 살이 찌면서 몸 상태가 안 좋아진 것 같아."
B: "말도 마. 나는 최근 5Kg이나 쪘어."
"옷이 하나도 안 맞아. 아무래도 다이어트를 해야 할까 봐."

전환 반응은 의도치 않게 상대방의 이야기를 가로막고 대화를 해칠 수 있다. 무의식적으로 대화를 주도하거나 자신에게 초점을 맞추려는 욕구에 대해 스스로 알아차리지 못한다. 이런 전환 반응의 대화를 하는 사람을 대화 나르시시스트라고 한다.

반대로 지지 반응은 상대방의 이야기에 관심을 집중하고, 대화를 자연스럽게 이어가도록 격려하며 지지하는 태도를 보이는 것을 의미한다. 전환 반응과 같은 A의 상황을 예로 들어 지지반응과 비교 설명해 보고자 한다.

예시 1

A: "요즘 회사에 일이 많아서 정말 바빠. 힘들어 죽겠어."

B: "그래? 요즘 많이 힘들구나. 무슨 일 때문에 그렇게 바쁘니?"

A: "곧 감사가 있어서 정신이 하나도 없어."

예시 2

A: "요즘 살이 찌면서 몸 상태가 안 좋아진 것 같아."

B: "많이 안 좋아진 거니? 어디가 특히 안 좋은 거야?"

"건강을 위해서 운동을 좀 해 보는 건 어때? 너는 어떤 운동이 좋으니?"

A: "나는 운동보다는 먹는 것부터 신경 써야 할 것 같아."

"네 말을 들으니, 운동도 필요한 것 같네."

앞서 살펴본 전환 반응과 지지 반응의 분명한 차이가 느껴질 것이다. 지지 반응을 보이는 대화에서는 상대방의 이야기에 충분히 관심을 기울이고 있다는 것을 느끼게 된다. 주변에는 생각보다 많은 사람이 전환 반응을 보인다. 전환 반응은 상대방이 시작한 대화를 자연스럽게 자기의 관심사로 바꾸어 말하는 것으로 이런 반응은 경청을 방해하고 대화를 더 이상 이어가고 싶지 않게 만드는 주된 원인이 된다. 문제는 이러한 행동이 무의식적으로 일어나기 때문에 자신도 모르게 지속적으로 전환 반응을 보일 수 있다는 점이다. 이러한 대화 방식보다 지지 반응을 보이는 사람과의 대화에서 더 교감을 느끼게 마련이다.

그렇다면 사람들은 왜 경청을 제대로 하지 못하는 걸까? 찰스 더버 교수는 그 이유를 세 가지로 설명한다. 첫째, 사람들은 본능적으로 말하기를 더 좋아하기 때문이라는 점이다. 다른 사람의 이야기를 주의 깊게 듣는 것은 상당한 에너지와 집중력이 필요하다. 심지어 단순히 상대방의 말을 들어주는 것조차 쉽지 않다는 것을 경험한다. 예외적인 사람들도 있지만, 대개는 말하는 것을 더 선호하기 때문에 경청이 어렵다고 볼 수 있다.

둘째, 대화 중에 다른 생각에 빠지기 쉽다는 점이다. 뇌 과학 연구에 따르면, 대화에 참여하지 않는 뇌 영역이 약 4분의 3 정도를 차지한다고 한다. 이 때문에 자칫 방심하면 다른 생각으로 주의가 분산되어 집중이 안 돼 결과적으로 경청을 잘하지 못하게 되는 것이다.

마지막으로, 선입견을 품기 때문이라는 점이다. 사람들은 저마다 가치관, 생각의 기준, 판단의 틀을 가지고 있다. 대화 중에 개인적 기준에 따라 '저건 아닌데', '저럴 줄 알았어', '너무 심하다'하는 식으로 상대방의 말이나 태도에 대해 선입견을 형성한다.

그러므로 상대를 공감하고 경청하기 위해서는 나와 생각이 다른 사람의 이야기를 들을 때 '그럴 수 있겠다'라는 열린 마음으로 받아들이는 것이 중요하다. 이러한 태도는 효과적인 소통을 가능하게 하고, 자기 내면의 평화를 위해서도 소중한 밑거름이 된다.

불안 속 길 찾기

강의를 준비하거나 중요한 일을 앞둘 때면 불안감이 찾아온다. 겉으로 괜찮은 척해도 불안의 실체를 알지 못하면 두려움은 더 커지기 마련이다. 불안은 크게 특성 불안(Trait Anxiety)과 상태 불안(State Anxiety)으로 나눌 수 있다.

특성 불안은 개인의 고유한 특성에서 비롯되어 내면에 형성되는 비교적 지속적인 반응이다. 타고난 기질(Temperament)과도 같이 특정 대상이나 사건, 상황이 없음에도 불구하고 불안을 느끼는 성향을 보인다. 특성 불안이 성격적인 부분으로 굳어지면, 남들보다 위험을 과도하게 지각하고 상황의 위험성을 높게 판단할 가능성이 커진다. 위협적인 상황에 부닥쳤을 때 더 강한 불안을 경험하게 된다.

상태 불안은 특정한 상황에서 느끼는 일시적인 불안감을 의미한다. 원인이 있고 사건이 유발된 상황에서 예견되는 실패나 위협으로 인해 긴장과 초조함을 느끼는 것이다. 하지만 시간이 지나고 위협적인 상황이 사라지면 불안감도 자연스럽게 해소된다. 예를 들어 개를 무서워하는 사람이 개와 마주했을 때 극심한 불안감을 느끼겠지만, 개가 다른 곳으로 이동하면 더 이상 불안을 느끼지 않게 되는 것과 같다. 면접을 앞두고 있거나 시험을 치르고, 발표를 해야 하는 상황처럼, 특정 상황에 의해 발생하는 것이 상태 불안이다. 개인이 느끼는 불안감의 크기는 주관적이다. 같은 상황이라도 다른 사람들에 비해 더 위협적으로 지각하는 불안이 높은 사람일수록 상태 불안 수준이 훨씬 더 높아진다. 따라서 특성 불안은 상태 불안을 강화하는 요인으로 작용한다고 볼 수 있다.

일반적으로 편안한 방에서 휴식하거나 친구와 조용히 이야기를 나눌 때는 불안감이 느껴지지 않는다. 반면 여러 사람들 앞에서 무엇인가를 해야 하고 그들이 자신을 관찰하며 결과에 대한 평가까지 한다면 이야기는 완전히 달라진다. 대부분의 사람은 다수 앞에 선다는 상상만으로도 불안을 경험하곤 한다. 발표나 공연 등이 진행되는 동안은 물론이고, 끝난 후에도 실수했던 부분들이 계속 떠올라 괴로울 때가 많다. 불안한 경험을 곱씹을수록 힘든 감정이 계속될 수 있다. 스스로 인식하고 느낀 심리적 불안은 고통을 일으키고 사람들 앞에 서는 상황을 피하려 애쓰게 만든다. 하고 싶지 않다는 생각과 두려움이란 감정은 끊임없이 불안을 불러일으키는 악순환을 반복하게 한다.

앞서 언급한 불안의 종류 외에도 발표 불안은 다음과 같은 경우에 심해진다. 첫째, 위험을 회피하려는 성향이 강할수록 불안을 크게 느낀다. 이는 선천적으로 타고난 기질적 성향과 관련이 깊다. 자기도 모르게 특정 대상을 무섭게 느끼고, 회피하려는 생각이 강해지는 것이다. 행동을 억제하고 위축시켜 상황을 회피하거나 포기하게 만드는 결과를 초래한다. 예를 들어 밤길을 걷거나 택시를 타거나, 혼자 여행하는 것이 두려운 사람은 대체로 위험 회피 성향이 높은 편이다. 이들은 위험에 직접 직면하기보다 숨거나 도망치는 것을 택하며, 목표 달성에 어려움을 겪는 경우가 많다.

둘째, 사회적인 민감성이 높은 경우 발표 불안이 커질 수 있다. 발표 도중 누군가가 표정을 일그러뜨리거나, 시계를 들여다보거나, 휴대전화를 사용하는 모습을 발견했을 때, 타인의 행동에 매우 예민하게 반응하는 사람은 그 원인을 자신과 결부시켜 생각하기 쉽다. '내 발표가 지루한가?', '뭘 잘못했나?'와 같은 부정적인 생각에 빠지면 불안이 증폭되고, 가능한 빨리 발표를 끝내려고 서두르는 모습을 보인다.

위험 회피 성향과 사회적 민감성이 지나치게 강하면 사회 공포증으로 발전할 수 있다. 사회 공포증은 사회적 상황에서 심각한 장애를 초래하는 심리적인 문제로 이어질 수 있고 특정한 경험이 트라우마로 남을 가능성도 있다.

트라우마는 심한 정신적 외상을 의미하는 심리학 용어이다. 어떤 사건으로 인해 받은 큰 충격이 이후에도 지속적으로 영향을 미쳐 일상생활에 지장이 초래하기도 한다. 직접 겪은 일이 아니더라도 다른 사람의 경험을 보았을 때 자신이 충격을 받아 형성되기도 한다. 과거의 고통스러운 기억이 현재까지 침범하여 영향을 미치기 때문이다.

셋째, 자율성 부족 역시 발표 불안의 한 원인이 될 수 있다. 스스로 무언가를 계획하고 실행에 옮겨 결과를 도출해 내는 성공 경험이 부족한 상황에 해당한다. 자신이 선택한 일에 책임을 느끼고 끝까지 완수하는 것을 어려워한다. 특히 학생들은 질문하는 것을 두려워하는 경우가 많다. '잘못 질문하면 어쩌나!', '질문했을 때 다른 사람들이 비웃으면 비참하다', '차라리 아무것도 안 하는 게 낫다'라고 생각한다. 스스로 결정하며 해결하는 과정에 대한 긍정적인 경험이 부족하다면 작은 일부터 성공적인 경험을 쌓아나가는 것이 중요하다.

 마지막으로, 방어 기제도 불안을 유발하는 요인이 된다. 이는 위협적인 상황으로부터 자기를 보호하기 위해 작동하는 심리적인 기제를 의미한다. 자신감이 떨어지고 타인조차 자신을 무시할 것이란 생각에 사로잡혀 방어 기제를 과도하게 사용할 수도 있다. 과거에 했던 실수를 되풀이하고 싶지 않다는 생각은 특정 상황을 회피하게 만든다. 그러나 자신이 어떤 불안에 취약한지를 깨닫는다면 여러 가지 불안 요인들을 극복하는 방법을 찾아 해소할 수 있을 것이다.

 이 외에도 인지 왜곡, 과잉 일반화, 정서적인 추론, 긍정 격하 등의 비합리적인 신념을 지닌 경우에도 불안이 크게 나타날 수 있다.

 발표 불안이 발생하는 원인을 이해했다면, 이제 기질적 요인을 관리해 나갈 전략을 살펴볼 차례다. 대표적인 방법으로는 점진적 확대, 긍정적 자기 암시, 마치 ~인 것처럼 행동하기 등이 있다.

 첫 번째 전략은 점진적으로 확대하기다. 이 전략은 편안한 대상에서 시작하여 점차 부담스러운 대상으로 범위를 넓히는 것을 핵심으로 한다. 먼저 혼자 거울 앞에서 하는 발표 연습부터 시작한다. 익숙해지면 친한 친구나, 편안한 사람에게 이야기해 보는 것이 좋다. 실수해도 비웃지 않고 '괜찮다.'라고 격려와 용기를 줄 수 있는 편안하고, 안전한 대상이 누구인지 떠올려 보자.

점진적으로 상황에 익숙해지도록 적응하는 과정을 꾸준히 실천해야 한다. 여러 번 반복하면 점차 익숙해지고 자신감을 얻을 수 있다. 이후에는 사회적 상황에서 실제 발표를 하는 등 대상을 넓히는 순차적인 단계를 거친다.

기질적으로나 성격적으로 불안감이 높은 사람은 낯설고 평가받는 상황에서 부끄러움이나 창피함을 쉽게 느낀다. 공간이 조금만 바뀌어도 어려움을 겪을 수 있다. 이런 사람에겐 무리하게 다그치기보다 불편함을 최소화할 수 있도록 세심하게 배려하고 조율하는 것이 필요하다.

두 번째 전략은 긍정적 자기 암시를 활용하는 것이다. 거울을 보면서 스스로에게 '괜찮아, 나는 잘하고 있어, 이 정도면 전보다 좀 나아진 거야'라며 겁먹은 마음을 다독여준다. 실제 상황이 생각만큼 위험하지 않다는 사실을 계속해서 되뇌는 것이다. 아직 아무런 결과도 나오지 않았는데 미리 부정적인 생각으로 불안해하면, 실제보다 훨씬 더 위협적으로 느껴질 수 있어 경계하는 게 좋다.

타인은 생각보다 악의적이지 않다. 예를 들어 면접관이 자신을 질타하거나 떨어뜨리려고 하는 것처럼 느껴질 수 있지만, 그들은 회사에 적합한 인재인지 판단하기 위해 질문하는 것뿐이다. 이 모든 과정이 악의적인 의도가 없다는 생각으로 인식을 변화시킬 필요가 있다. 긍정적 자기 암시는 자신감을 높이는데 유용하다.

세 번째 전략은 이미 목표를 달성한 것처럼 행동하는 것이다. 예를 들어 발표를 끝까지 성공적으로 마치는 자신의 모습을 상상하고 그 상상에 맞춰 실제로 행동해 보는 것이다. 용감한 사람이 되고 싶다면 용감한 사람처럼 행동하는 것과 같은 이치로, 원하는 모습이 된 것처럼 행동하면 실제로 그렇게 될 가능성이 높아진다.

그렇다고 평소에 50등 하던 학생이 노력해서 45등을 했을 때, 용기를 준다고 "조금 더 노력하면 10등도 할 수 있겠다"라고 말하는 것은 오히려 부담스러울 수 있다. 과하지 않은 반응, 작은 성공이라도 기꺼이 알아주는 태도, 진심으로 경청하는 것이 불안을 가진 사람들을 대하는 괜찮은 방법이다.

앞에 설명한 관리 전략으로도 해결하기 어려운 강한 불안에 직면했을 때는 약물 치료, 행동 치료, 인지 치료 등 전문적인 치료 개입을 고려해 볼 수 있다.

학업이나 직장생활 등 사회적인 기능에 심각한 지장을 초래할 수 있는 공포증을 겪는 사람들은 자신의 신체적 변화에도 불안 증세를 보인다. 예를 들어 손에 땀이 나고, 얼굴이 붉어지며, 심장이 두근거리는 증상과 더불어 떨림이나 호흡이 가빠지는 것을 자각하는 신체 변화를 자기 초점적 단서라고 한다. 이 때는 '큰일 났다', '이 상황이 심각하다'고 인식하고 상황을 빨리 피하려는 방어기전(機轉)이 작동하게 된다.

불안을 모면하려고 눈을 마주하지 못하고, 말이 빨라지거나, 준비한 발표 내용을 제대로 전달하지 않고 서둘러 끝내 버리는 행동을 보인다. 이런 행동이 당장에는 자신을 보호하는 안전한 행동처럼 느껴질지 모르지만, 장기적으로는 사회적인 상황을 더욱 어렵게 만드는 결과로 이어진다.

학령기에 있는 학생들이 이러한 발표 공포증을 겪는 경우가 많다. 아동기를 거쳐 10대 중반에 주로 나타나는 공포 증상은 성인이 되어서도 지속되기도 한다. 실제로 대학생의 40%가 공포증을 호소하고 있다는 연구 결과도 있다. '어렸을 때 생겼으니, 어른이 되면 사라지겠지'하는 문제가 아니라, 성인이 된 후에도 영향을 미치는 경우가 많다는 것을 의미한다.

전문적인 치료의 첫 번째 방법은 약물 치료다. 때로는 약물 복용이 필요할 정도로 심각한 불안 증상을 겪는 사람들에게 적용된다. 이런 경우 SSRI(Selective Serotonin Reuptake Inhibitors) 계열의 선택적 세로토닌 재흡수 억제제가 도움을 준다. 이 약물은 신경 전달 물질인 세로토닌의 재흡수를 억제하여 혈액 내에서 농도를 유지하게 시킨다. '행복 호르몬'이라고도 불리는 세로토닌은 마음의 안정과 편안함을 느끼게 하는 역할을 하므로 불안이 강할 때 SSRI를 복용하면 안정된 상태를 느끼도록 돕는 효과가 있다.

또한 베타 수용체 차단제인 베타 블로커(Beta-Blocker)도 사용될 수 있다. 아드레날린의 특정 수용체인 베타 수용체를 차단함으로써 심장의 떨림을 줄이고, 심장 박동 수를 안정적으로 낮춰 주는 역할을 한다.

약물 요법을 고려할 때는 복용 시점을 신중히 결정하는 것이 중요하다. 예를 들어 발표 직전에 약을 먹으면 긴장이 지나치게 이완되어 발표에 지장을 줄 수 있으므로 약효가 나타나는 시간 등을 고려하여 전문가의 지시에 따라 용량을 조절해야 한다.

전문적인 치료의 두 번째 방법은 행동 치료다. 가장 효과적인 접근 방식은 직면과 노출을 통해 두려운 상황을 직접 경험해 보는 것이다. '다음에 해야지'라는 생각으로는 불안에 직면할 수가 없다. 적극적으로 발표에 참여하는 것이 매우 중요하다. 자신이 두려워하는 일이 실제로 일어나지 않는다는 것을 지속적으로 경험하는 것이 필요하기 때문이다. 경험으로 사회적인 상황에 대처하는 능력이 향상되면 불안감을 현저히 줄일 수 있다.

발표 상황에서는 자기 초점적 단서에 집중하기보다 발표 내용과 준비 과정에 집중하는 것이 중요하다. 불안할 때 특정 행동이 마음을 편하게 한다고 생각할 수 있지만, 장기적으로 불안을 심화시키는 결과를 초래하기도 한다. 불안을 벗어나고자 하는 충동을 이기고 발표를 끝까지 마무리하려는 노력이 필요하다. 발표 도중 청중이 속삭이거나, 핸드폰을 보거나, 시계를 보는 행동을 하더라도 준비한 내용을 끝까지 전달하는 것이 행동 치료의 핵심이다.

노출은 두려운 상황에 점진적으로 노출하여 감각을 둔화하는 치료법이다. 처음부터 실제 상황에 직면하는 대신 상상 속에서 관련 상황에 노출되면 비교적 안전하게 불안을 통제할 수 있다. 흥미롭게도 연구 결과에 의하면 상상 속에서 노출하는 것과 실제 상황에 노출되는 것의 효과는 비슷하다고 알려져 있다.

세 번째 방법은 인지 치료다. 이는 자신이 가진 역기능적 신념 즉, 비합리적 사고와 인지적인 왜곡을 줄이는 것에 초점을 맞춘 방법이다. 예를 들어 '나는 항상 잘해야 인정받을 수 있다', '약한 모습을 드러내거나 실수하면 타인에게 무시당할 것이다'라는 생각은 잘못된 신념이다. 자신에 대한 역기능적인 신념을 수정하는 것이 인지 치료의 첫걸음이다. 또한 과거에 잘못했던 일, 사회적인 상황에서 문제가 있었던 경우들을 반복하여 되짚는 지나친 반추를 멈추는 것 역시 효과적인 인지 치료 방법이다.

때로 누군가가 어떤 면에서 약한 모습을 보일 때, 이를 인간적이라고 느껴 호감이 생길 수 있다. 어렵게 여겼던 사람이 실수하는 모습을 보고 편하게 생각하게 되는 경우도 있다. 이런 사례를 접하고 받아들이면서 '약한 모습을 보여서는 안 돼'라는 강박적인 사고에서 벗어나 생각을 바꾸는 것도 중요하다. 발표 시에 목소리가 떨리고 심장이 두근거리는 증상이 나타난다면, 긴장했고 실수를 할 수 있음을 스스로 인지해야 한다. 무엇보다 다른 사람들은 자신만큼 주의 깊게 바라보지 않는다는 사실을 기억해야 한다. 타인의 시선에 자신을 가두지 않고 불안을 극복하는 방법을 익히고 실천함으로써 점차 자신의 것으로 만들어 갈 수 있다.

스스로의 가능성을 과소평가하거나 지나치게 경직되어 있지는 않은지 확인해 보는 것이 좋다. 자신이 한 일이 실수투성이였고 최악이었다고 자책할 때조차 주변 사람들은 오히려 그 사람의 능력과 노력을 인정하고 칭찬하는 경우가 종종 있기 때문이다. 결국 자신을 과소평가하는 것은 자신뿐이다. 타인에 의해 주목받는 대상이라고 생각하는 불편함을 걷어내고 시선으로부터 자유로워지는 것은 용기 있는 행동이다.

마지막으로, 제안하고 싶은 것은 멘토를 정하고 스타일을 따라 해 보는 방법이다. '하늘 아래 새로운 것은 없다'라는 말처럼 이미 세상에는 성공적인 사례들이 많이 존재한다. 힘들게 새로운 길을 찾으려 애쓰기보다 이미 잘 닦여진 길을 따라가는 것이 효율적이다. 주변에 멘토 삼을 만한 사람이 없으면 연예인이나 방송인 등 대중에게 알려진 인물도 좋다. 닮고 싶은 사람을 멘토로 여기고 의식적으로 따라 한다. 처음에는 무작정 모방하는 것에서 시작하겠지만 점차 자신만의 스타일이 만들어지면서 멘토와 차별화된 개성을 갖추게 될 것이다. 멘토의 행동을 똑같이 한다고 해서 그 사람이 되는 것이 아니듯, 모방으로 시작하더라도 자기만의 특징을 담아 표현할 수 있다. 처음에는 목소리, 발음, 발성, 호흡, 나아가서 자세, 제스처까지 꼼꼼히 모방한다. 따라 하다 보면 자기가 가진 특성과 멘토의 스타일이 자연스럽게 혼합되어 결국 자신만의 독창적인 방법이 만들어질 것이다.

멘토를 정하고 따라 했으면 이제 현실에 발을 딛고 실제로 해 보는 단계가 필요하다. 발표 내용을 소리 내어 말해 보고 파워포인트 슬라이드를 넘기면서 시간도 점검한다. 정해진 시간 내에 발표하지 못해 허둥대거나, 너무 빨리 말해서 금방 끝나버리는 일이 없도록 목표 시간을 설정하고 연습한다. 녹화 기능을 활용하여 자기 모습을 객관적으로 모니터링하며 부족한 부분이나 어색한 부분을 개선해 나가는 과정은 매우 효과가 좋다. 이 과정을 꾸준히 거친다면 분명 발표를 잘하는 사람으로 거듭날 수 있을 것이다.

루틴 만들기

　발표는 성공적인 진행을 위해 구체적인 과정에 따라 체계적으로 준비하는 것이 중요하다. 효과적인 발표 루틴은 크게 발표 전, 발표, 그리고 마무리(클로징)의 단계로 나눌 수 있다. 각 단계를 하나씩 살펴보자.

　발표 전 준비 단계에서는 원고를 작성하는 것이 큰 도움이 된다. 강의나 발표 자료 만들 때 상세한 원고를 작성해 두면 프레젠테이션 자료 만드는 작업이 훨씬 수월해지곤 한다. 발표 자료 내용이 기억나지 않을 상황을 대비하여 키워드만 보고도 내용을 떠올릴 수 있는 큐 카드(Cue Card)를 만들어 두는 것이 좋다. 큐 카드는 발표 도중 막히거나 생각나지 않을 때 힌트가 되어줄 것이다.

사전 준비를 위해 발표하기 30분에서 1시간 전에 발표 장소에 미리 도착해 현장을 둘러보는 것이 중요하다. 장소의 규모나 외부 환경을 직접 보면 실제 발표 시 큰 도움이 된다. 발표 직전 심리적 안정은 긍정적인 자기 대화를 통해 셀프로도 가능하다. 예를 들어 '괜찮아, 잘할 수 있어, 준비한 것만 전달하자, 최선을 다하는 것이 중요하다'와 같은 긍정적인 말을 되뇌는 것이다.

숨을 깊게 들이쉬고 내쉬는 복식호흡을 반복해도 마음의 안정을 가져올 수 있다. 복식호흡은 심신을 진정시키는 탁월한 효과가 있다. 긴장 완화를 위해 웃긴 상황이나 재미있는 기억을 떠올리는 것도 좋은 방법이다. 웃음은 행복 호르몬인 엔도르핀이 분비되게 하기 때문이다. 이처럼 자신만의 긴장 완화법을 미리 준비해 두는 것은 괜찮은 전략이 될 수 있다.

발표 단계에서 오프닝 멘트는 외우는 것이 낫다. 시작이 순조롭지 못하면 발표 전체가 흔들릴 수 있기 때문이다. 가슴을 활짝 펴고, 고개도 반듯하게 세운 당당한 모습으로 청중 앞에 나가 준비한 오프닝 멘트를 시작한다. 긴장해서 청중의 눈을 마주하기 어려우면 행사장 맞은편 벽의 눈높이 지점이나 불특정인의 코끝, 인중, 미간 등을 바라보는 것이 좋다. 이때 무표정한 사람들은 시선에 담지 않는다.

오프닝 멘트는 두괄식으로 구성하는 것이 효과적이다. 예를 들어 "오늘 여러분께 세 가지 중요한 포인트를 말할 것이다. 첫 번째는 '보기'로, 보는 것을 통해서 여러분들이 어떤 것을 알 수 있을지를 설명하겠다. 두 번째는 듣기이다. 세 번째는 말하기를 통해서 얻을 수 있는 것들에 관해 이야기할 것이다. 이 강의가 끝날 무렵이면 여러분은 이 세 가지를 기억하게 될 것으로 기대한다"라고 강의를 통해 청중이 얻을 수 있는 이점, 효과, 기대 등을 먼저 제시하는 방식이다.

오프닝은 천천히 말하고 충분한 호흡을 유지한다. 발표 초반에 긴장되더라도 시간이 지날수록 점차 누그러지므로 '5분만 참자', '5분만 버티자'라고 생각하며 마음을 다스린다. 처음 5분을 잘 넘기면 그다음부터는 어떻게든 해낼 수 있다는 마음으로 온전히 집중해 보겠다고 다짐한다.

발표 진행 중에 무대 공간을 적극적으로 활용하여 움직임을 주는 것이 좋다. 내용을 강조할 때는 무대 앞으로 가고, 주제가 바뀔 때는 옆으로 이동하는 등 변화를 주어 집중을 유도할 수 있다. 청중들을 향해서 무대를 압도하는 카리스마도 보여준다. 시선은 가능하면 자신에게 호의적인 사람, 고개를 끄덕이거나 표정이 밝은 사람과 눈을 마주치며 '지금 내가 잘하고 있다'는 자신감을 얻는다.

청중이 지루해하는 것 같다고 갑자기 평소에 하지 않던 유머를 시도하지는 말자. 준비한 내용을 차분하게 전달하고 당당한 모습으로 무대에서 내려온다는 것에만 집중한다. 주어진 시간 동안 준비한 내용을 끝까지 전달한다는 목표를 향해 묵묵히 정진하다 보면 어느새 마지막 클로징에 다다르게 될 것이다.

발표를 마무리 할 때는 종료 예정 시간보다 1, 2분이라도 일찍 끝내는 것이 좋다. 청중은 발표 시간을 정확히 지키는 것보다 여유롭게 끝내는 것을 선호한다.

마지막으로 오늘의 발표 내용을 간략히 요약 정리하는 것은 매우 중요하다. 요약을 통해 내용을 머릿속에 다시 각인하고 핵심 메시지를 오래 기억하게 되며 발표자와 강의 내용에 대한 만족감 또한 높아진다. 기억에 남을 만한 인상적인 말이나 속담, 격언 등으로 마무리하는 것도 좋은 방법이다. 예를 들어 다음과 같은 메시지로 청중에게 긍정적인 여운을 남길 수 있다. "여러분 각자는 어떤 존재도 만들 수 없는 유일무이한 길을 가고 있다. 발표를 잘 못한다고 생각하거나 자신감이 부족하더라도 누구에게나 자신만의 독특한 개성과 잠재력이 존재한다."는 사실을 기억하길 바란다. 그러니 "자신 있게 끝까지 발표를 잘 마칠 수 있다고 생각하길 진심으로 응원한다."라고 말이다. 발표 준비 과정을 체계화하고, 단계의 순서와 포인트를 신경 쓴다면 어떤 상황에서도 발표를 성공적으로 이끌어 갈 수 있다. 궁극적인 목표는 최고로 완벽하게 해내는 것이 아니라, 준비한 내용을 끝까지 수행하는 것에 있다. 최선을 다해 준비하고 발표를 끝까지 마무리하는 데 집중하자. 발표가 끝났을 때 청중은 아낌없는 찬사를 보내 줄 것이다.

디테일 전략

일부 연구 결과에 따르면, 청중이 발표에 온전히 집중하는 시간은 30초에 불과하다고 한다. 놀라운 사실이다. 생각보다 짧은 시간 내에 다른 생각에 잠기기 쉽다는 것을 의미한다. 발표자는 집중이 흐트러지는 구간을 최소화하기 위해 노력해야 한다. 청중의 집중력을 높이기 위해 다양한 전략을 활용하는 것이 중요하며 이 중에서 자신에게 맞는 방법을 적용한다.

우선 눈 맞춤과 질문이다. 발표자가 청중과 눈 맞추며 질문을 던지는 방법이 있다. 청중의 생각을 유도하고 발표에 적극적으로 참여시키는 효과가 크다. 동적인 움직임과 목소리 변화도 있다. 발표자가 무대 위에서 이동하거나 목소리 톤을 조절하고, 잠시 침묵하거나 유머를 사용하는 것 또한 집중력을 높이는 방법이다. 다음은 시각 및 청각적 요소를 활용하는 방법이다. 준비한 PPT 슬라이드에 애니메이션이나 사운드 효과를 활용하거나 동영상이나 이미지, 도표 자료를 보여주는 것도 효과적이다. 발표자가 직접 시연함으로써 집중시킬 수 있다. 제스처를 과감하게 하는 것도 도움이 된다. 역동적인 제스처는 발표자의 자신감을 드러내고 몰입을 돕는다. 슬라이드 활용의 묘미를 부릴 수도 있다. 예를 들어 슬라이드 두 장을 연달아 넘겨서 뒤에 나올 내용을 미리 보여준 다음, 다시 이전 슬라이드로 돌아가 순서대로 설명하는 방법도 있다. 핵심 내용을 반복해서 상기시키는 방법도 있다. 중간중간 '아까 말씀드린 것처럼', '첫째는 이러이러했죠. 그리고 둘째는 무엇이었을까요?' 하고 앞서 한 내용을 언급하면 발표의 흐름을 놓치지 않도록 도울 수 있다. 이처럼 사용하고 싶은 방법 한두 가지를 선택하여 발표 중간에 적용하며 사람들을 집중시킬 수 있는 자기만의 방식을 만들 수가 있다.

  모든 발표 준비가 완료되었다면 마지막으로 발표를 위한 체크리스트로 준비상태를 최종 점검한다. 점검표는 준비할 사항을 한눈에 파악하고 빠짐없이 확인할 수 있어 매우 유용하다.

지금까지의 내용을 간단히 정리하면 다음과 같다. 오프닝 멘트는 청중의 관심사나 목표에 따라 다르게 구성하여 초반부터 몰입을 유도한다. 핵심 메시지는 발표 전체를 관통하는 서너 가지로 압축하여 강조한다. 아무리 훌륭한 발표라도 청중이 기억하는 것은 한두 가지 핵심 내용이기 때문이다. 클로징 멘트는 핵심 내용을 다시 짚어 주고 마무리 멘트로 발표를 매듭짓는다.

발표를 어떻게 준비하고 진행해야 할지에 대한 명확한 감을 잡았을 것으로 생각한다. 어떤 일이든 기본적인 순서를 숙지하지 않고는 성공적으로 해내기 어렵다. 발표 역시 마찬가지다. 잘 안된다고 느껴지면 아직 익숙하지 않다는 의미다. 포기할 상황이 아니라 연습이 더 필요한 상황이라는 것을 명심하자. 자신만 불안한 것이 아니라는 사실을 기억하고, 다른 사람들은 어떤 식으로 어려움을 극복하는지 찾아보면서 힌트를 얻는 것도 좋은 방법이다.

04

마음을 사로잡는 기술

갈등 발생의 필연적 구조

대화가 잘 풀리지 않았던 순간들을 떠올려 보면 몇가지 공통적인 문제점을 발견하게 된다. 대화는 기본적으로 서로의 의견을 주고받는 상호작용인데 한쪽이 일방적으로 너무 많은 말을 할 경우 상대방은 자기 의견을 드러낼 기회를 얻지 못한다. 충분한 발언 기회가 주어지지 않는다면 대화는 실패로 이어지기 쉽다.

'한 번 말했으면 알아들어야지, 또 이야기하게 만드느냐'라는 말을 하거나 들어 본 경험은 누구나 있을 것이다. 어떤 이들은 생각을 단 한 번의 말로 전달하고 끝내려는 경향이 있다. 관계를 고려하지 않고, 마치 다시 볼 일이 없을 것처럼 감정적으로 내뱉는 말은 대체로 대화를 실패로 이끄는 원인이 된다.

특히 상대방을 깎아내리는 말은 더욱 심각한 문제를 야기한다. 비난하고, 비교하며, 상대방이 잘못한 것을 하나씩 지적하는 행위는 겉으로는 똑똑함을 드러내는 것처럼 보일지 모르지만, 듣는 이에게는 불쾌감과 함께 분노를 일으킬 뿐이다. 감정에 치우쳐 인격을 깎아내리는 언어 사용은 결국 갈등을 심화시키는 주범이 된다. 세상에 완벽한 사람은 없다. 누구나 미숙한 면이 있기 마련이고 상대방의 흠을 들추는 말에 기분 좋을 사람은 아무도 없다. 내용 자체보다 인격적 측면에 초점을 두는 비난은 자존심을 심각하게 훼손한다.

실패하는 대화에는 몇 가지 공통적인 특징들이 있다. 성공 원인은 다양할 수 있지만, 실패 원인은 몇 가지 정해진 유형으로 반복되는 경향이 있기 때문이다. 우리는 많은 잘못을 저지르고 반성하며 다시 변화하려고 노력한다. 그렇기에 노력을 폄하하고 진심을 헤아리지 못한 채 과거의 실수를 들추는 언행은 좌절감을 안겨준다. 자신을 잘 아는 누군가와 비교당하는 말을 듣는 것도 큰 상실감을 느끼게 한다.

대화가 마음먹은 대로 풀리지 않는 이유는 다양하겠지만, 그중에서도 가장 큰 원인은 대화 방식 자체의 문제일 가능성이 가장 높다. 스스로 무엇이 잘못되었을지 고민하고, 단순히 마음가짐의 문제일지도 모른다는 생각에 휩싸이기도 한다. 마음가짐을 바꾸려고 애써보지만, 반복되는 상황 속에서 스스로 고통받기도 한다. 그러므로 자신의 언어 습관과 소통방식을 되돌아보는 성찰과 함께 효과적인 대화 방법을 배우고 익히는 것이 중요하다.

안타깝게도 갈등은 한번 일어나고 나면 영원히 사라지는 것이 아니다. 오히려 유사한 갈등이 반복될 가능성이 크다. 갈등이 인간관계에서 필연적으로 발생할 수밖에 없는 현상인 까닭이다. 사람들은 각자 고유한 생각과 가치관, 욕구를 지니고 있다. 심지어 같은 부모에게서 태어난 형제자매들조차 생각과 취향이 다르다. 서로 다른 의지를 지닌 두 인격체가 만나 함께 생활하다 보면 자연스레 대립과 의견 충돌이 발생할 수밖에 없다. 따라서 갈등은 언제든지 발생한다고 생각하고 대비하는 자세가 필요하다.

전혀 알지 못하고, 마주칠 일도 없는 타인들과는 갈등이 일어날 가능성이 희박하다. 아이러니하게도 가까운 사람들, 즉, 가족, 친구, 직장 동료와의 관계에서는 갈등이 빈번히 일어난다는 것을 깨닫게 된다. 이들과는 매일 반복되는 일상에서 끊임없이 서로의 이견을 조율해야 하는 문제들을 안고 있다. 서로 다른 성향이나 일을 해 나가는 방식의 차이에서 부딪치는 문제가 생기는 것이다.

누구나 자유롭게 살길 원하며, 갑갑한 규칙에 얽매여 살고 싶어 하지 않을 것이다. 하지만 사회생활이나 직장생활을 위해서는 특정 규칙을 따를 수밖에 없다. 관습, 제도, 목표 달성 방법도 일종의 규칙으로 볼 수 있다. 따라서 갈등이 필연적으로 일어날 수밖에 없다는 점을 인정하고, 그 갈등에 어떻게 효과적으로 대처하고 해결해 나갈지가 더욱 중요하다고 할 수 있다.

해결을 어렵게 하는 말

'모욕당한 사람의 마음은 요새보다 정복하기가 어렵다'는 솔로몬의 말처럼 상대방에게 상처를 주는 언행은 관계 회복을 더디게 만든다. 아무리 노력해도 굳게 닫힌 마음의 문이 열리지 않으면 관계 회복은 요원해진다. 갈등을 해결해 나가기 위해서는 상대가 마음의 문을 닫지 않도록 주의하는 것이 중요하다는 점을 강조하는 것으로 해석된다. 안타깝게도 많은 사람들이 오히려 갈등을 심화하는 방식으로 대화하는 경향을 보이곤 한다.

갈등 해결을 어렵게 하는 대표적인 예로 책임 전가를 들 수 있다. 자신의 실수를 인정하지 않고 상대방에게 책임을 떠넘기는 행위를 말한다. 책임 전가에는 두 가지 유형이 있다.

책임 전가의 유형 중 하나는 정당화이다. 옳지 않은 행동을 마치 정당한 것처럼 포장하는 것이다. 예를 들어 자신의 실수를 상대방의 오해나 잘못된 이해 탓으로 돌리는 화법이 여기에 해당한다. 어느 쪽이든 책임 전가의 근본에는 상대방의 인식에 문제가 있다는 의미가 깔려 있다. 마치 상대가 자신을 부당하게 평가한다고 여기며, 문제 발생의 원인이 상대방에게 있는 것처럼 책임을 떠넘기는 것이다. 이러한 태도는 갈등 해결에 전혀 도움 되지 않는다.

책임 전가의 또 다른 유형은 '그런데, 그러나, 하지만'과 같은 접속사를 사용하는 말에서 나타난다. 겉으로는 잘못을 인정하는 듯하면서도 '나도 잘못했지만, 당신도 잘한 거 없어'와 같이 은근히 상대방에게 책임을 전가하는 방식이다. 이런 화법은 문장의 전반부만 들으면 잘못을 시인하는 듯한 착각이 든다. 그러나 자세히 들어 보면, 자기 잘못을 피하려는 의도가 분명히 드러난다. 주변 사람들은 상대방이 큰 잘못도 아닌 일로 지나치게 몰아붙인다고 느낄 수 있다. 예를 들어 학교에서 팀 프로젝트를 수행할 때 팀원의 비협조로 혼자 모든 과제를 떠맡게 되는 상황이 있을 수 있다. 어떤 학생은 '내 몫까지 해준 건 고마운데, 너에게 해 달라고 부탁한 적 없어'라고 말한다. 이는 '혼자 일을 처리해 놓고 왜 불만이냐'는 의미를 내포하며, 열심히 일하고도 오히려 욕먹는 상황을 초래한다.

어떤 사람이 거짓말하고는 단지 잘 보이기 위함이었다고 변명한다면 거짓말 자체를 심각한 문제로 여기지 않는다는 의미가 된다. '거짓말한 건 맞지만…'이라며 잘못을 인정하는 듯 시작해도 결국 책임을 타인에게 떠넘기면서 자기 행동을 정당화하려는 의도임을 쉽게 알아챌 수 있다.

많은 사람이 과거에는 정당화의 의도를 제대로 인식하지 못하고 사용해 왔을 것이다. 다른 사람의 정당화 시도에 직접 영향을 받게 되면 비로소 타인의 마음을 헤아릴 수 있게 되니, 겪은 후에야 깨닫는 울림을 통해서라도 자신의 소통 방식을 돌아보는 중요한 계기로 삼을 수 있다.

갈등 해결을 어렵게 하는 두 번째는 '만약에'라는 조건이 붙는 표현들이다. 이는 조건부 사과라고 불리며, 문제 해결을 더욱 어렵게 한다. 가령 '만약에 당신이 불쾌했다면 사과하겠다'라는 말은 상대의 반응에 따라 자신의 잘못 여부가 결정되는 듯한 뉘앙스를 풍긴다. 상대방이 불쾌함을 느끼지 않았다면 굳이 사과할 필요가 없다는 의미를 내포한다.

과거에 누군가로부터 '기분이 상했다면 미안합니다.'라는 말을 들은 적 있다. 그때 '그는 사과할 생각이 없지만, 당신이 기분이 상했다고 하니 어쩔 수 없이 사과하는 것이다'라는 인상을 받았다. 같은 맥락에서 '예의가 없다고 생각했다면 사과하겠다'라고 말하는 사람은 정작 자기 행동이 실제로 예의에 어긋났는지조차 제대로 모르는 경우가 많다. '상대가 예의 없다고 느끼지 않았다면 사과하지 않았을 것이다'라는 여지를 남기는 조건부 사과는 상대방의 감정을 해소하지 못하며 근본적인 해결이나 진정한 반성으로 이어지기도 어렵다.

세 번째는 잘못을 작게 여기고 핵심에서 벗어나려는 축소와 이탈이다. 자기 잘못은 대수롭지 않게 과소화하고 상대방의 잘못은 과장하려는 태도로 비쳐 상황을 악화시킬 수 있다. 예를 들어 '경황이 없어서', '술을 마셔서'와 같이 특정한 이유를 강조하며 자신의 실수를 가볍게 여기려는 의도를 보이는 표현들이 여기에 해당한다. 이런 표현은 진정한 사과의 뜻을 퇴색시키고 오히려 변명으로 들려 상대방에게 의구심을 남길 수 있다. 의도를 부인하는 것에 초점을 둔 표현은 진심 어린 사과로 받아들여지기 어렵다.

네 번째는 대화의 주제 이탈이다. 문제 해결의 핵심을 벗어나 불필요한 논쟁으로 이어지는 것을 말한다. 운전 중 접촉 사고가 났을 때 과실 여부를 가리는 대신 상대 운전자의 나이를 따지는 경우가 대표적인 예시다. 해결해야 할 문제에만 집중하면 주객이 전도되는 상황을 방지할 수 있다. 문제의 원인에 대해서만 언급함으로써 관련 없는 일에 에너지 소모를 줄이고 효율적으로 해결하는 지혜가 필요하다.

마지막으로 다룰 내용은 해결 강요다. 사과한 후 상대가 즉시 자신의 사과를 받아주기를 강요하는 태도를 의미한다. 문제 상황을 빨리 끝내고 싶은 마음은 이해되지만, 사과했다는 사실만으로 모든 것이 해결되었다고 단정 짓는 것은 오해다. 상대방에게 용서를 강요하거나, 상대방이 사과를 안 받아준다고 불만을 표현하는 태도는 바람직하지 않다.

상처받은 마음은 쉽게 치유되지 않는다는 점을 간과한 태도다. 상한 마음이 회복되기까지 각기 다른 시간이 필요하다. 한 번의 사과로 해결되는 것이 아니라 시간이 한참 지난 뒤에도 불현듯 당시의 상황이 떠올라 속상함과 괴로움이 재차 느껴지는 경우 또한 많다. 감정이 바로 사라지지 않는 점을 이해하는 것이 중요하다. 상대의 마음을 헤아리지 않은 채 성급하게 해결을 강요하는 것은 피해야 한다.

사과는 잘못을 저지른 사람이 마땅히 해야 할 도리지만, 그것을 받아들일지 여부는 전적으로 상대에게 달려 있다. 강요는 원만한 인간관계를 형성하는 데 도움 되지 않을 뿐만 아니라 갈등만 심화시킬 수 있다. 갈등 해결을 어렵게 하는 요인을 인지하고 피하는 것만으로도 성공적인 소통에 한 발 더 다가설 수 있다.

성공적인 사과를 위한 3R's

잘못된 첫 단추를 바로잡는 데 있어 가장 중요한 첫걸음은 진심 어린 사과일 것이다. 사과는 자신의 잘못을 인정하고 상대방의 용서를 비는 행위이기 때문이다. 사과할 때는 겸손한 마음과 진지한 태도가 필수적이다. 사과를 통해 관계를 회복하고 개선할 수도 있지만, 원하는 결과가 나오리라는 보장은 없다. 오히려 상황이 악화할 가능성도 인지하고 사과에 임해야 한다.

상대방 마음에 이미 상처를 줬다면 그 상처까지도 치유하겠다는 마음을 가져야 한다. 이는 힘든 과정일 수 있다. 불편해진 관계를 원만하게 이끌기 위해서는 인간관계 기술과 함께 상당한 시간과 노력이 필요하다.

'적을 만들지 말라'는 말은 인간관계나 처세술에 대한 보편적인 지혜를 담고 있다. 단 한 명의 적이라도 인생에 예상치 못한 핵심적인 영향을 미칠 수 있기 때문이다. 자신과 잘 맞지 않는 사람들과도 잘 지내기 위해서 상당한 노력이 필요함을 알 수 있다. 그러므로 사과는 관계 회복을 위한 필수 노력이며, 진심을 다해 긍정적인 방향으로 나아가겠다는 의지를 보여줘야 한다.

사람들은 각자의 방식대로 사과를 한다. 만약 지금까지 잘못된 방법을 사용해 왔다면, 이제는 개선할 필요가 있다. 성공적인 사과는 다음과 같은 특징을 지닌다. 하나, 사과로 인해서 오히려 관계가 악화하지 않아야 한다. 둘, 공식적인 자리에서 발생한 실수는 공개적으로 사과해야 한다. 셋, 사과문의 구성 요소 6가지를 적재적소에 맞게 사용하는 것이다. 오하이오 대학 755명 참가자를 대상으로 한 실험에서 도출된 사과의 6가지 요소는 후회의 표현, 일이 틀어진 경위 설명, 책임 인정, 뉘우침에 대한 선언, 피해 복구의 약속, 용서의 호소다. 넷, 언어적 비언어적 요소가 조화를 이뤄야 한다. 말로는 사과하면서 비웃는 표정을 짓거나 얼굴을 찡그리지 등 비언어적 요소가 불일치해서는 안 된다. 마지막으로, 사과는 단순히 말로 하는 게 아니라 상대방의 마음을 움직일 수 있어야 한다. 사과를 받는 사람이 공감할 만큼 깊은 뉘우침을 보여줄 정도가 되어야 비로소 닫힌 마음을 열 수 있다. 혹시 지금까지 사과가 상대방으로부터 부정적인 반응을 얻었다면 이런 이유 때문은 아니었을까? 상대의 마음을 진정으로 헤아리는 공감 어린 사과를 통해 더욱 성숙한 관계를 만들어 나갈 수 있다.

실험연구에서 밝혀진 사과의 6가지 요소 중에서도 반드시 포함해야 할 세 가지 핵심 요소가 있다. 이 세 가지 필수 요소는 흔히 '3R's'라고 불린다. 첫 번째 R은 Responsibility(책임)로 자신의 잘못을 인정하는 것이다. 자신이 무엇을 잘못했는지 명확하게 인정하는 것이 우선이다. 두 번째 R은 Regret(후회)이다. 잘못에 대해 진심으로 뉘우치는 마음을 표현하는 것이다. 마지막 R은 Remedy(개선)이다. 다시는 같은 실수를 반복하지 않도록 재발 방지를 약속하는 것이다. 구체적인 해결책을 제시하는 것은 미래를 위한 약속이자 상대에게 신뢰를 주는 행위다. 이 세 가지 R을 꼭 기억하자.

세 가지 요소를 모두 담은 사과의 말하기는 다음과 같이 연결할 수 있다. 우선 상대방의 마음에 상처가 되었다는 것을 인정하고, 마땅히 그리 해야 했는데 그러지 못했음에 대해 뉘우치는 마음을 전달하며 앞으로 어떻게 행동할 것인지에 대한 구체적인 약속을 제시하는 것이 중요하다.

사과는 결코 비굴한 행동이 아니다. 올바른 사과를 통해 용서와 화해를 끌어낼 수 있다면 용기내 볼 일이다.

관계 개선에 필요한 관점 전환

해석은 개인적인 관점이 강하게 작용하는 영역이다. 동일한 상황이나 행동도 사람에 따라 다르게 받아들여질 수 있다. 상대방의 행동이 못마땅하거나, 불만족스럽게 느껴진다면, 그 사람을 대하는 내내 불편함을 경험하게 된다. 이런 불편함은 종종 관계의 갈등으로 이어지는 주된 원인이 되곤 한다. 상대의 행동을 기존의 익숙한 방식으로만 해석하기보다 새로운 관점으로 바라보는 시각의 전환이 필요하다. 이는 갈등을 유발하는 원인 중 하나인 해석의 오류를 줄이는 효과적인 방법이 된다.

자신이 못마땅하게 생각하는 상대방의 행동을 마주했을 때 습관적으로 떠오르는 부정적인 생각 대신 그 행동 속에 숨겨진 긍정적인 의도를 찾아보려는 노력이 중요하다. 상대가 그러한 행동을 한 데에는 분명한 이유가 있을 것이라는 믿음을 가지고 그 안에 담긴 긍정적인 의도를 생각하려고 애쓰는 자세가 필요하다. 예를 들어 누군가 반복적으로 떼를 쓰는 행동을 보면서 짜증스러운 감정을 느낀다면, 행동 자체에 집중하기보다 이면에 숨겨진 이유를 헤아려보는 것이 요구된다. 떼쓰는 행동이 그 사람이 처한 어려운 상황이나 절실함을 표현하는 유일한 수단일 수도 있기 때문이다. '얼마나 절실했으면 그랬을까'라고 생각하며 상대방을 이해하려고 노력하는 것이다. 힘들면 '그럴 수도 있겠다'라며 공감해 주는 것이 관점 전환의 좋은 예시이다. 이러한 노력을 통해 상대에 대한 깊은 이해와 함께 자신의 평화도 얻을 수 있다.

사람들은 저마다 다른 신념과 행동 양식을 가지고 있다. 이러한 차이는 특정 사건에 대한 생각과 반응, 나아가 결과까지도 다르게 만든다. 어떤 사건에 대해 이전에 익숙했던 방식과는 다르게 생각하고 해석하는 것은 감정과 행동의 변화를 불러올 수 있다. 특정 인물의 행동을 보았을 때 각자의 생각과 해석에 따라 자기의 감정과 행동, 나아가 최종 결과까지 달라지기 때문이다. 그러므로 대부분의 갈등은 자신으로부터 시작된다고 볼 수 있다. 자기가 초래한 갈등은 스스로 해결하려는 '결자해지'의 마음도 중요하지만, 근본적인 문제는 갈등의 시작점이 자신에게 있었다는 사실조차 인식하지 못하는 데 있다.

갈등을 유발하는 해석의 오류를 줄이기 위한 관점 전환은 상대의 행동을 접했을 때 가장 먼저 떠오르는 생각에서부터 개입할 수 있다. 오랫동안 품어왔던 부정적인 생각들이 조금이라도 긍정적으로 바뀐다면 그에 따라 감정에도 자연스러운 변화가 찾아온다. 혹여 같은 행동에 대해 반복적으로 동일한 반응을 하면서 싸움과 갈등, 대화 단절과 같은 부정적인 관계가 지속되었다면 관점 전환을 시도하는 것만으로도 자신의 반응을 크게 변화시킬 수 있다. 반응이 달라지면 결과도 당연히 바뀐다. 따라서 타인의 행동을 바라보는 자신의 관점을 전환하는 것이 가장 중요하다. 갈등을 줄이는 열쇠는 타인이 아니라 바로 자신에게 있는 것이다.

관점 전환을 통해 상대방을 이해하게 되었다면 그다음 단계는 '당면한 문제를 다루는 말하기'다. 현재 발생한 문제에 집중하여 해결책을 모색하는 것을 의미한다. 갈등 상황에서 대화하다 보면 과거의 일까지 들춰내며 본질에서 벗어나는 경우가 많다. 현재의 갈등이 빚어진 원인을 집중적으로 해결하려는 자세가 중요하다. 자기 판단이나 해석이 개입되지 않은, 순수한 사실만을 근거로 언급하는 것이 핵심이다. 객관적 사실을 어떻게 바라보느냐에 따라 감정이 달라질 수 있으므로 무엇이 자기에게 특정 생각과 감정을 일으켰는지를 정확하게 인식해야 한다. 생각과 감정은 오로지 자신의 것이며 다른 누군가가 그렇게 만든 것이 아니라는 사실을 받아들이는 태도가 중요하다. 자기 인식 없이는 상대방의 이야기를 객관적으로 이해하기 어렵다. 서로 자기 생각과 감정만이 옳다고 주장하기 시작하면 갈등은 결코 줄어들지 않는다.

갈등이 일어났을 때 상대방의 생각과 자기 생각이 다르면, 서로의 이견을 조율하는 과정이 반드시 필요하다. 상대의 생각에 전적으로 동의하고 원하는 대로 다 들어주면 갈등이 생길 일이 없겠지만, 현실적으로 가능한 일이 아니다. 각자의 요구사항이나 희망 사항을 서로에게 전달하고, 조금씩 견해를 좁혀가는 노력이 선행될 필요가 있다. 대화 중 과거에 있었던 일이 다시 거론되거나 이야기가 원래의 주제에서 벗어나면, 다시 당면한 문제로 돌아와야 효과적으로 해결할 수 있다는 점을 잊지 말아야 한다.

결국 이 모든 과정은 문제를 해결하려는 마음가짐에 달려 있다.

어려움에 직면했을 때 해결하기 위해 기꺼이 노력하는 사람이 진정한 큰 사람이다. 세계 속에 국가가 있고, 국가 안에 사회가, 사회 속에 가정이, 그리고 그 가정 안에 한 개인이 존재한다는 점을 생각하면 개인은 지극히 작은 존재처럼 보일 수 있다. 그러나 세상 대부분의 일은 바로 그 개인으로부터 시작된다.

개인이 사회의 일원으로서 연대감을 느끼기 시작할 때, 자신과 사회가 얼마나 긴밀하게 연결되어 있는지 비로소 깨닫는다. 연대감은 특정 집단에 대한 개인의 소속감과 유대감을 의미한다. 연대감을 지닌 사람은 관계를 소중히 여기며, 좋은 관계를 유지하기 위해 적극적으로 노력한다. 개인이 어떤 마음가짐을 갖느냐에 따라 관계를 넓게 포용하고 이해하는 사람이 될 수도 있다. 문제를 해결하고자 적극적으로 노력하는 위대한 사람일 것이다. 다른 사람들과 깊이 공감하고 소통하며 연대감을 높이는 사람, 타인과의 관계에 가치를 두고 문제 해결에 앞장서는 모든 이가 훌륭하다. 자기만의 이익을 추구하는 것이 아니라, 공존을 위해서 노력하고, 비록 미약한 힘이나마 기꺼이 보태려는 사람들이 많은 사회야말로 진정으로 성숙한 사회라고 할 수 있다.

어떤 이유로든 마음의 상처를 받으면, 성공적인 의사소통은 어려워지기 마련이다. 무심코 상대방을 위협하는 존재가 되지 않기 위해서는 모든 사람이 관점 전환을 통해 자신을 돌아보는 노력이 필요하다. 내가 먼저 변화하여 다른 사람의 말을 열린 마음으로 받아들일 수 있어야 상대방도 비로소 자기의 행동에 대한 이유를 솔직하게 인정하고 변화의 가능성을 열 수 있다. 결국 모든 것은 '나로부터 비롯된다'라는 주체적인 사고방식은 성숙하고 위대한 사람으로 성장하는 데 긍정적인 영향을 미친다.

면접 대화

　140명의 구인자를 대상으로 한 설문 조사에서 가장 중요하게 생각하는 능력으로 커뮤니케이션 능력이 최우선으로 꼽혔다고 한다. 또한 구직자가 갖춰야 할 능력 중에는 숙련도가 중요하게 드러났다. 이는 취업 성공에 있어 숙련도와 효과적인 커뮤니케이션 능력이 큰 영향을 미친다는 시사점이라고 볼 수 있다.
　우리는 매일 '할까, 말까'하는 수많은 선택의 기로에 서게 된다. 그럴 때마다 상반된 두 가지 마음이 시소를 탄다. 특히 취업을 위해 약간의 선의의 거짓말을 하는 것이 과연 해가 될지에 대한 고민은 누구나 한 번쯤 해 보았을 것이다. 한쪽에서는 진실을 보여줘야 한다고 주장하고 다른 한쪽에서는 있는 그대로만 보여주다가는 취업의 기회가 사라질 것이라고 속삭인다. 직장인을 상대로 한 설문 결과에서는 면접에서 자주 하는 거짓말 중 하나가 성격과 관련된 것이었다고 한다. 누구든 타인에게 좋은 사람으로 인정받고 싶은 기본적인 욕구가 반영된 결과일 것이다. 속으로는 스스로 부족하다고 생각할지언정 타인 앞에서 자신을 나쁘게 말하기가 쉽지 않다. 심지어 2020년 미국 범죄심리연구소의 조사에서는 범죄자조차 자기 행동을 정당화하려는 심리가 있다는 결과가 나왔다. 인간은 누구나 자기 행동을 합리화하려는 경향이 있음을 보여주는 사례라고 볼 수 있다.

자신을 돋보이게 하도록 포장하고 싶은 요소 중에는 충성도도 포함된다. 면접에서 높은 충성도를 어필하기 위해 '뽑아만 주면, 평생직장으로 생각하겠다'라고 말하거나 여러 회사에 지원했음에도 '오직 이 회사에만 지원했다'라며 강한 입사 의지를 내비치는 경우가 여기에 해당한다. 기업이 적극적인 인재를 선호하기 때문일 것이다.

다음으로 자신의 가치를 높이기 위해 강조하는 요소는 경력이다. 풍부한 경력은 직무 숙련도를 간접적으로 나타내는 중요한 지표가 될 수 있다. '예전에 일했던 곳에서 만든 서식이 아직도 사용되고 있다고 들었다'와 같은 표현은 자신의 탁월함을 은연중에 드러내는 효과적인 방법으로 활용된다.

마지막으로 근무지와 관련된 내용이다. 다른 지역으로 발령 나더라도 흔쾌히 이사할 사람이 얼마나 될지 의구심이 드는 대목이다. 살던 곳을 떠나는 건 매우 중요한 결정이기 때문이다. 특히 가족이 함께 움직여야 한다면 더욱 신중하게 고려할 문제다. 간절하게 직장을 구하고 싶어 하는 마음은 이해하지만, 때로는 간절함이 지나쳐 과장된 표현까지 서슴지 않는 경우가 있다.

그 외 연봉과 같은 기타 항목에서도 어느 정도 포장이 이뤄지기도 한다. 이직 시 이전 직장에서 받았던 금액에 비해서 더 나은 대우를 받고 싶은 마음이 작용하는 까닭이다. 연봉을 높여 말한다고 해서 실제로 회사가 더 많은 연봉을 제시하는 것은 아니다.

면접에서 거짓말이 채용 결과에 미치는 영향은 상황에 따라 천차만별이다. 거짓말 덕에 취업에 성공한 사례가 있는가 하면, 불필요한 거짓말로 인해 안 좋은 결과를 얻은 예도 있다. 반대로 용기 내어 진실을 이야기했더니 오히려 취업에 도움이 되었다는 이야기가 들려오는 것을 보면 그 결과가 매우 다양하다는 것을 알 수 있다. 분명한 것은 채용 여부는 회사가 정한 기준에 따라 결정된다는 사실이다. 그러므로 면접에서 거짓말로 자신을 돋보이려 애쓰기보다 차라리 돋보이는 '진짜 자신'을 만드는 것이 장기적으로 훨씬 이득이다.

면접에서 그럴듯한 거짓말보다는 지금부터 설명할 '면접에서 알아 두면 좋을 다섯 가지'를 숙지하는 것이 합격에 더 유용할 것이다. 첫째, 질문이 끝나고 2~3초 정도의 시간을 두고 답변하는 것이다. 즉시 대답하지 않는 태도는 질문에 관해 진지하게 생각하는 인상을 줄 수 있어서다. 또한 미리 준비한 답을 단순히 암기해서 말하는 것처럼 보이지 않게 하는 효과도 있다. 중요한 것은 면접관의 질문 핵심을 파악하고 충분한 근거를 바탕으로 자신의 경험을 녹여낸 스토리텔링 방식으로 답변하는 것이다.

둘째, 두괄식으로 결론부터 말하는 것이다. 답변의 서두에서 '맞다, 아니다, 찬성이다, 반대한다' 같은 자신의 핵심 주장을 명확히 밝히거나 구체적인 숫자나 결과를 제시하는 것이 효과적이다. PREP 말하기 기법과 생각 정리 방법을 활용하면 더욱 논리적으로 의견을 전달할 수 있다. 예를 들어, 지원 동기를 말할 때 지원하는 회사의 현황을 간략하게 언급하고, 자신이 지원한 포지션에 대한 전망과 자신의 강점이 해당 직무와 어떻게 부합하는지를 명확하게 설명한다. 나아가 자신이 어떤 노력을 기울여왔는지, 그리고 입사 후 어떤 포부를 가졌는지까지 구체적으로 언급하여 열정을 보여주는 것이 좋은 인상을 남길 수 있다.

  셋째, 자신의 단점을 언급해야 할 경우 대답하는 요령이 필요하다. 단점을 솔직히 이야기하되, 그 내용은 간단하게 줄이는 것이 좋다. 과거에 겪었던 곤란한 일화를 짧게 언급하고 초점은 단점 자체보다 그 단점을 극복하기 위해 어떤 노력을 기울였는지, 그 과정에서 무엇을 배웠는지에 맞추는 것이 중요하다. 단점이 없는 사람은 없다. 다만 노력을 통해 얼마나 성장할 수 있는지를 보여주는 것이 핵심이다. 자신의 단점을 인정하고 이를 보완하겠다는 다짐과 각오는 오히려 긍정적인 인상을 줄 수 있다.

  넷째, 당황스러운 질문에 직면했을 때 대처 요령이다. 누구나 면접에서 난감한 질문을 받을 수 있다. 질문의 의도를 파악하지 못했거나, 어떻게 대답해야 할지 막막할 수도 있다. 이러한 곤란한 질문 시 모르겠다고 말하기 전에 질문의 범위를 좁혀 질문하거나 요점을 명확히 하려고 되물어보는 방법이 있다. 생각할 시간을 버는 방법이기도 하다. 그래도 대답할 말이 없으면 유사한 경험을 떠올려 보는 것도 좋은 방법이다. 질문과 일치하는 경험이 없더라도 관련성 있는 경험을 통해 자신의 역량을 드러낼 수 있다. 중요한 것은 비록 현재의 부족한 점은 앞으로 더 많은 경험을 쌓고 견문을 넓히는 것으로 채우겠다는 강한 의지를 보여주는 것이다. 다른 사람들이 볼 때는 보잘것없고 부족한 이야기일지라도 진솔한 각오와 다짐으로 답변을 마무리하는 것은 현명한 태도라고 할 수 있다.

다섯째, 면접이 끝난 후의 마무리이다. 긴장이 풀려 자칫 소홀할 수 있지만, 면접관에게 정중하게 인사하는 것으로 맺는 것이 좋다. 배움은 늘 어디서든 일어날 수 있는 소중한 과정이기 때문이다. 면접 위원에게 감사하는 마음을 담아 45도로 허리를 굽혀 인사하는 것으로 충분한 감사 표현을 전달할 수 있다.

마지막으로, 면접에서의 언어적인 역량만큼이나 비언어적인 기술 또한 매우 중요하다. 면접에서의 예절을 한마디로 표현하자면 격식이라고 할 수 있다. 여기서 격식이란 상황에 어울리는 태도와 방식을 의미한다. 회사마다 추구하는 인재상이 다르므로 지원자는 해당 회사가 요구하는 '격'에 맞는 '식'을 갖추어야 한다. 단정한 복장, 정중한 태도, 예의 바른 몸가짐 등 모든 면에서 격식을 지키는 것은 첫인상에 큰 영향을 미친다.

면접은 단순히 취직을 위해서뿐만이 아니라 더 나은 조건으로 이직하기 위해서도 반드시 거쳐야 하는 과정이다. 회사에 들어가는 것만큼이나 나오는 과정 또한 중요하다. 이직을 결심했다면, 먼저 현재 다니는 회사에서 퇴사 절차를 신중하게 진행하는 것이 필요하다. 퇴사 결정을 내리기 전에 동료들이 눈치챌 수 있는 언행은 되도록 삼가는 것이 좋다. 퇴사에 대한 마음을 굳혔으면, 상사와의 면담을 통해 퇴사 의사를 명확히 밝히는 것이 바람직하다. 갑작스러운 통보로 회사에 혼란을 주거나 인수인계 일정이 촉박하게 진행되지 않도록 충분한 시간적 여유를 두고 퇴사 계획을 세우는 것이 필요하다.

이직을 결심하는 이유는 다양하다. 더 나은 경력을 쌓기 위함일 수도 있고 현재 회사에 대한 불만족이 주된 원인인 경우도 적지 않다. 만일 후자의 경우, 회사에 대한 불만이나 개선 요구사항 등 하고 싶은 말이 있을 수 있다. 업계가 생각보다 좁고 자기 말이 예상치 못한 경로를 통해 다른 사람의 귀에 들어갈 수 있다는 점을 명심해야 한다. 특히 회사에 남은 사람들과의 관계를 고려할 필요가 있다. 함께 일할 때는 서로 동조하는 관계였을지라도, 퇴사하게 되면 더 이상 동료로서의 유대감을 기대하기 어려워지는 것이 현실이다. '팔은 안으로 굽는다'는 속담처럼 떠나는 사람보다 남아있는 사람을 더 배려하게 되는 것이 인지상정이다.

경력직의 이직 면접은 신입사원 채용 면접과는 다른 중요한 차이점이 있다. 전문성, 충성도 그리고 커뮤니케이션 능력에 대한 평가가 높은 비중으로 다뤄진다는 점이다. 기업은 구체적인 성과를 통해 시장 점유율을 높일 수 있는 전문성을 가진 인재를 찾는다. 경력직 면접에서는 성과의 수치나 명확한 결과를 제시하는 것이 무엇보다 중요하다. 또한 새롭게 합류하게 될 회사에 높은 충성도를 가지고 오랫동안 기여하겠다는 의지를 보여야 한다. 처지를 바꿔 직원을 뽑는 대표의 입장에서 생각하면 여러 회사를 비교하며 자주 옮겨 다니는 사람보다 한 회사에 대한 충성도가 높고 성실하게 일할 사람을 선호하는 것은 당연한 이치일 것이다.

문서적인 커뮤니케이션 능력도 요구된다. 미국 500개 기업을 대상으로 한 조사 보고서에 따르면, 젊은 간부들에게 부족한 역량 중 하나가 자신과 타인 간의 의사를 효과적으로 전달하는 문서 작성 능력이 꼽히기도 했다. 이는 글을 통해 자기 생각을 명확하게 전달하는 능력이 중요함을 시사한다. 이직 시 작성하는 경력 기술서 역시 자신의 역량을 문서로 보여주는 중요한 커뮤니케이션 형태이다. 경력직으로 이직을 준비할 때는 구체적인 전문성, 회사에 대한 충성도, 그리고 문서를 통한 커뮤니케이션 능력을 꼼꼼히 점검하고 보완할 필요가 있다.

직장에서 보고하기

　보고의 중요한 목적은 업무 진행 과정에 발생할 수 있는 문제를 사전에 파악하고 그 결과를 명확하고 체계적으로 전달하는 데 있다. 보고는 목적에 따라 세 가지 유형으로 나눌 수 있다. '현황 보고', '문제 보고', 그리고 '결과 보고'가 그것이다.

　현황 보고는 현재 진행 중인 업무에 대한 전반적인 상황을 전달하는 것이다. 추진 중인 업무의 상황과 과정을 요약하여 보고함으로써 향후 결과를 예측하고 적절히 대비할 수 있게 돕는 역할을 한다.

　문제 보고는 업무 진행 중에 발생한 문제점이나 어려움을 알리고, 대안을 함께 제시하는 보고 방식이다. 효과적인 문제 해결 방안을 모색하고, 관련 아이디어를 공유하는 데 핵심적인 역할을 한다.

결과 보고는 업무의 모든 과정이 완료된 후 최종 결과를 발표하는 방식이다. 목표 달성 여부를 제시하고 사업의 성과와 의미를 객관적으로 평가할 수 있다. 결과 보고는 환류를 가능하게 하며, 다음 프로젝트의 개선점을 도출하는 데 중요한 기반이 된다.

보고는 정보 전달과 함께 듣는 사람과의 소통을 통해 긍정적인 결과를 이끌어 내는 과정이다. 성공적인 보고를 위한 여섯 가지 기본적인 단계가 있다.

1단계는 안심시키는 소통으로 시작하기다. 보고를 받는 사람이 불필요한 불안감이나 의문을 갖지 않도록 배려하는 것이다. 예를 들어 가정에서 갑자기 '얘기 좀 하자'와 같이 모호한 표현이 불안감을 유발할 수 있듯이, 직장 보고도 마찬가지다. '현재 진행 중인 과제 수행에 도움이 필요하여 말씀드리려고 한다'와 같이 구체적인 정보를 담아 명확하게 시작하는 것이 좋다. 듣는 사람이 내용을 예측하고 편하게 대화에 응할 수 있도록 돕는다. 보고의 첫 순간부터 듣는 사람의 심리적 안정감을 고려하는 노력이 원활한 보고의 바탕이 된다.

2단계는 결론부터 제시하는 두괄식 구성이 핵심이다. 서론이 너무 길면 듣는 사람이 무슨 말을 하려는 것인지 파악하기 어렵다. 바쁜 상사나 동료에게 '그래서 결론이 무엇인가?'라는 질문을 받을 수 있다. 이는 보고 방식에 문제가 있다는 명확한 신호다. 보고를 받는 이의 관점에서 가장 궁금해할 만한 핵심 내용을 중심으로 간결하게 전달하는 것이 중요하다. 앞에서 언급했던 TTSt나 PREP와 같은 논리적인 말하기 기술을 활용하는 것이 도움이 된다. 여러 내용 중에서도 특히 중요한 한 두 가지에 집중하여 심도 있게 다루는 것이 효과적이다. 시각적인 자료를 함께 제시한다면 이해도를 높이고 긍정적인 인상을 남길 수 있다.

　3단계는 긍정적인 내용과 부정적인 내용을 번갈아 제시하는 샌드위치 화법을 활용하는 것이다. 좋은 소식으로 대화를 시작하고 그 사이에 다소 해결이 필요한 내용을 포함하는 방식이다. 직장 내 문제는 생사가 걸린 심각한 경우가 아니라면 해결할 수 있는 것이 대부분이다. 지나치게 위축된 태도로 보고하지 않도록 주의한다. 문제가 있더라도 해결 가능성을 염두에 두고 대안을 함께 모색하여 제시하는 것이 현명하다. 문제점만 보고하고 해결책을 제시하지 못한다면 무능하거나 실수만 저지르는 사람으로 인식되기 쉽다. 따라서 긍정적인 소식으로 분위기를 조성하고, 문제점과 해결 방안을 함께 제시하는 것이 성공적인 보고의 핵심이다.

4단계는 구체적인 질문으로 소통하기이다. 질문은 상대방의 의도를 정확히 파악하는 효과적인 방법이다. 구체적인 질문은 업무 처리를 효율적으로 만들 뿐만 아니라 상대의 숨겨진 요구사항까지 확인하는 데 도움을 준다.

보고 전에 자주 소통하는 것이 중요하다. 여러 번 찾아가 궁금한 점을 물어보고, 현재 진행 상황에 대해 수시로 보고하는 것이 좋다. 예상되는 문제점을 미리 공유하면 실제 문제가 발생했을 때 사전에 보고했던 내용을 바탕으로 해결 방안을 수월하게 논의할 수 있다. 이는 업무를 추진하는 입장에서 매우 유리한 전략이며 질책을 피할 수 있게 한다.

또한, 자신이 이해한 내용을 다시 확인하는 것은 의사소통의 명확성을 크게 높인다. 말한 사람의 생각과 자신이 이해가 다를 수 있으므로 업무 착수 전에 자신의 이해가 정확한지를 상대방에게 확인받아야 한다. 갈등의 소지를 줄이고 신뢰할 수 있는 사람이라는 긍정적인 인식도 얻을 수 있게 해준다.

5단계는 근거 있는 대안을 제시하는 것이다. 제시하는 대안이나 해결책을 뒷받침할 명확한 근거가 있을 때 비로소 설득력을 얻는다. 상대의 상황과 입장에서 자신이 제시하는 해결책이 왜 적합한

지 논리적으로 설명하는 것이 중요하다. 연구 결과나 통계 자료와 같은 객관적인 데이터를 활용하면 주장에 힘을 실을 수 있다.

또한 상사에게 조언을 구하는 표현을 덧붙이는 것은 문제 해결에 대한 책임감을 나누는 좋은 방법이다. 근거 있는 대안을 제시하고 상사의 의견을 물어보면서 지속적으로 소통하는 과정을 통해 문제 해결 가능성을 높여나간다.

6단계는 성과를 적절한 시점에 드러내기이다. 훌륭한 성과를 냈어도 스스로 알리지 않으면 쉽게 알아차리기가 어렵다. '언젠가 알아주겠지'라는 막연한 기대보다, 구체적인 숫자와 데이터와 함께 명확히 제시하고 성과가 조직에 미친 의미를 덧붙여 보여준다. 이는 자신의 노력이 가시적인 결과로 이어졌음을 전달하는 방법이다.

지금까지 설명한 보고하기 6단계를 다음 문장 하나로 요약하여 기억할 수 있다. '불안하지 않게 핵심을 먼저 질문하고 성과를 확인하여 대안을 제시해 나가자.' 보고가 언제나 성공적으로 마무리될 수 있기를 응원한다.

말없는 말 파라랭귀지

커뮤니케이션에서 비언어적 요소에는 크게 두 가지로 나눌 수 있다. 첫째는 몸짓 언어로 음성이 동반되지 않는 표정, 자세, 몸의 동작 등이 해당한다. 둘째는 준언어(파라랭귀지, paralanguage)라고 한다. 준언어는 비언어적 요소임에도 불구하고 억양, 강세, 리듬, 속도, 목소리 톤과 같이 음성적 형태를 띠며 의미를 전달하는 역할을 한다. 이는 명확한 말은 아니지만, 소리를 통해 전달력을 높이고 감정을 풍부하게 표현하는 데 중요하다.

준언어는 크게 세 가지 방법으로 전달력을 높일 수 있다. 각 방법은 다시 여러 하위 요소로 구성된다. 이 모든 요소는 내용의 특정 부분을 강조하는 공통된 기능을 수행한다.

첫째, 강세 주기다. 내용을 강조하기 위해 소리의 특정 부분에 힘을 싣는 방법이다. 강세 주기의 하위 요소는 '악센트 사용하기', '음 높이기', '음 내리기'가 있다. 악센트 사용하기는 연속된 음성 속에서 강조하고 싶은 단어나 구절을 강하고 또렷하게 발음하는 것이다. 의도적으로 힘을 주어 발음함으로써 해당 내용의 중요성을 부각시킨다.

음 높이기와 음 내리기는 강조하고 싶은 단어나 문장의 음높이(톤)를 의도적으로 높이거나 낮춰 말함으로써 듣는 이의 주의를 집중시키고 의미를 강조한다.

둘째, 속도 조절이다. 말의 속도를 조절하여 메시지의 효과를 높이는 방법이다. 속도 조절의 하위 요소로 '끊어 읽기', '일시 정지', '단어 늘이기'가 있다. 끊어 읽기는 문장의 마지막에 있는 마침표(.), 물음표(?)처럼 호흡을 위해 명확하게 쉬어가는 구간을 뜻한다. 운전에 비유하면, 목적지에 도착해서 차를 완전히 멈추는 것과 같다. 메시지를 마무리하고 다음 내용을 위한 간극을 만드는 역할이다.

일시 정지는 문장 중간에 짧게 숨을 고르거나, 아주 잠깐 멈추는 것을 말한다. 운전 중에 브레이크를 살짝 밟아 속도를 줄이듯 짧은 순간이지만, 말하는 이에게 생각할 여유를, 듣는 이에게는 집중력을 높이는 장점이 있다.

단어 늘이기는 문장 내 특정 단어나 숫자를 의도적으로 길게 발음하여 강조하거나 전체적인 말의 속도를 조절하는 방법이다. 말의 속도를 천천히 하는 것 또한 효과적인 속도 조절 방법이다.

셋째, 활력 주기는 음의 높낮이 변화를 통해 메시지에 생동감과 연결성을 부여하는 방법이다. 활력 주기의 하위 요소에는 '상승조', '평조', '하강조'가 있다. 상승조는 주로 단어나 문장의 끝을 높여 말함으로써 활기찬 느낌을 전달한다. 주로 꾸밈어(형용사, 부사)에서 사용된다. 문장과 문장을 부드럽게 연결하거나 질문의 뉘앙스를 표현하는 역할을 한다.

평조는 음의 높낮이를 평이하게 유지하며, 높아지거나 낮아지지 않도록 하는 말하기 방식이다. 내용을 나열하거나 설명하는 듯한 느낌을 줄 때 효과적이다. 단어와 단어 사이, 또는 연속되는 숫자 등을 나열할 때 주로 사용한다.

하강조는 문장을 마무리하는 듯한 느낌을 준다. 문장의 끝맺음 말에 사용되며, 안정감과 신뢰감을 전달하는 효과가 있다.

이처럼 강조의 뉘앙스를 주는 것 이외에도 준언어는 인간의 감정을 나타내는 기능으로도 활용된다. 음의 높낮이, 소리의 강약,

말의 빠르기 등을 통해 기쁨, 슬픔, 분노, 놀람 등 복잡한 감정을 드러내는 것 또한 중요한 준언어적 요소라 할 수 있다.

응급 처치 말하기 시스템

'아는 것과 말하기는 별개다'라는 말처럼 많이 안다고 해서 말을 잘하는 것은 아니다. 급한 마음에 실타래를 잡아당기면 오히려 더 엉키는 것처럼, 돌발 상황에 놓이면 머릿속이 하얘져 당황하기 쉽다. 어떤 상황에서도 대처할 수 있도록 '응급 처치 말하기 틀'을 미리 익혀두는 것은 지혜로운 행동이다. '틀'은 정해진 순서대로 내용을 채워 넣으면 되는 일종의 템플릿이다. 응급 처치 말하기 틀을 두 가지 유형으로 나눠 대비할 수 있다. 일반적인 상황에서 활용할 수 있는 틀과 대표가 직원을 대상으로 적용하기에 유용한 틀이다.

일반적인 상황을 위한 말하기 틀은 개인적 또는 공적인 상황에서 활용될 수 있는 4단계로 구성되어 있다. 작가가 되기 위한 모임 회원의 경우로 생각하고 다음과 같이 말할 수 있다.

1단계는 특정 경험이나 상황에서 떠오르는 감정과 생각을 전달하는 단계이다. 이는 말을 꺼내기에 수월하고 듣는 이에게 공감을 형성하는 데 도움을 준다. 예를 들어 오랫동안 참석하지 못했던 모임에 참석했다면 '오랜만에 와서 기쁘다. 그동안 잘 적응할 수 있을까 걱정했는데 막상 와 보니 마음이 편하다.'와 같이 솔직한 감정을 공유할 수 있다.

2단계는 흥미를 유발할 수 있는 일화를 언급하는 것이다. 이는 집중을 이끌어 내는 단계이다. 예를 들어, 모임에는 자주 못 나왔지만, 개인적으로 책 쓰기에 도전했던 경험을 언급하며 최근에 '학교, 우리가 행복한 시간'의 공동 저서를 보고 '글쓰기가 생각보다 간단하다는 것을 알게 되었다'와 같이 작가가 되려는 이를 위한 호기심을 자극하는 이야기를 곁들일 수 있다.

3단계는 중심 메시지를 언급하는 것이다. 이 단계는 자신이 궁극적으로 전달하려는 핵심 메시지를 제시하는 것이 중요하다. 모든 말에는 의도가 담겨있기 때문이다. 예를 들어 '시간은 원하든 원치 않든 흘러가는데, 지금부터라도 책 쓰기에 시간을 투자해서 하루에 한 장씩 꾸준히 쓴다면 석 달 후에는 책 한 권을 완성할 수 있겠다는 확신이 들었다'라는 자신의 의지를 담은 메시지를 전달할 수 있다.

4단계는 자신의 각오를 밝히는 것이다. 앞으로 무엇을 해 나갈지에 대한 포부를 밝히는 마무리 단계이다. 예를 들어, '이제부터 작가라는 이름을 당당하게 사용할 수 있도록 매일 정해진 분량을 꾸준히 채워나가는 것을 목표로 삼겠다'라고 말하며 '세바시(세상을 바꾸는 시간, 15분) 무대에서 작가로서 강연할 수 있기를 희망한다'라는 포부를 덧붙인다면 훌륭한 마무리가 될 것이다.

대표를 위한 말하기 틀은 직장 상사나 대표 등 관리자 위치에 있는 사람이 직원과 소통할 때 유용할 수 있다. 5단계로 활용해 보려고 한다. 먼저, 객관적인 성과나 업적을 언급하기다. 팀원들에게 지금까지 달성한 업무의 성과나 업적에 대한 객관적인 사실을 구체적으로 언급한다.

둘째, 감사와 격려의 메시지를 보낸다. '여러분의 헌신과 노력이 없었다면 놀라운 결과는 결코 불가능했을 것이다'라고 감사와 수고를 전한다.

셋째, 미래에 대한 기대와 당부도 잊지 않는다. '지금까지도 훌륭하게 해냈지만, 앞으로도 더 큰 성장을 이룰 수 있도록…'라는 미래에 대한 기대와 함께 필요한 당부의 말을 건넨다.

넷째, 지원 약속에 대한 의지를 표명하기다. 관리자로서 직원들의 업무에 대한 적극 지원을 아끼지 않겠다는 약속을 통해 함께 뛰겠다는 의지를 보이는 부분이다.

다섯째, 격려 메시지로 마무리한다. '오늘의 기쁨을 충분히 누리시길 바란다'와 같은 따뜻한 메시지로 연설을 마무리한다. 말하기가 어렵게 느껴진다면, 체계적인 틀을 활용하는 것이 도움이 될 수 있다.

05

TMI

TMI(Too Much Information)는 '너무 과도한 정보'를 의미한다. 이 용어는 주로 상대방에게는 그다지 중요하지 않거나 불필요하게 세부적인 정보를 덧붙일 때 사용된다. 듣는 이의 관심사를 벗어나 필요 이상의 디테일을 제공할 때, '그건 좀 TMI 네요'라는 말을 사용하며, 때로는 흥미 위주의 사소한 정보를 공유할 때도 쓰이곤 한다. 이 정보가 누군가에게는 도움이 되기를 바라는 마음이 전달될 수 있기를 희망하며 담았다.

인사

첫 만남에서는 보통 인사, 악수, 명함 교환 등을 통해 관계를 시작한다. 이는 형식적인 절차를 넘어 상대방에게 좋은 첫인상을 남기는 중요한 요소다. 특히 인사는 대인 관계의 가장 기본적인 예의이자 핵심 요소로 진심을 담은 태도가 상대방을 기분 좋게 만들 수 있다.

그리팅맨(Greeting man)이라는 조각상이 있다. 인사하는 사람의 모습을 형상화한 이 조각상은 우리나라를 비롯한 전 세계 50여 개국에 설치되어 있다. 조각상은 인사가 곧 새로운 관계의 시작이자 모든 일의 기본이라는 메시지를 강력하게 전달한다. 인사를 제대로 하지 않거나, 아예 인사를 건네지 않는 것은 분명 문제가 있다. 인사의 종류에는 크게 세 가지로 구분할 수 있다.

첫 번째는 '목례'다. 목례는 눈으로 하는 간단한 인사다. 엘리베이터나 계단과 같이 공간이 협소하거나 이미 인사를 나눈 지 얼마 되지 않아 격식을 차리기보다 가볍게 고개를 끄덕여 예의를 표하는 행동이다. 목례는 다양한 상황에서 활용될 수 있는 인사다.

두 번째는 보통 인사(30도 인사)다. 허리부터 머리끝까지를 하나의 축으로 삼아 허리를 30도 정도 굽혀서 하는 인사이다. 어른께 인사를 드리거나 출퇴근 시, 감사의 마음을 표현할 때, 누군가를 배웅할 때 적절하게 사용된다. '감사합니다', '반갑습니다', '안녕히 가세요' 등 상황에 맞는 말을 함께 건네면 좋다.

세 번째는 마음을 가득 담아 표현하는 '45도 인사'다. 30도 인사보다 더욱 정중한 인사법이다. 진심으로 미안한 마음을 표현하거나 격식 있는 자리에서 감사를 나타낼 때 매우 적합하다. 허리를 약 45도 정도 굽혔을 때 시선이 상대의 신발 코를 향하는 것이 지나치게 고개를 숙이지 않으면서도 예의를 갖추는 바람직한 자세다. 또한 발표하기 위해 단상에 올라 청중을 향해 인사할 때도 통상적으로 45도 인사를 하는 것이 예절로 여겨진다.

악수

인사와 더불어 악수를 나누는 것은 중요한 예절 중 하나이다. 악수는 첫 만남이나 헤어질 때 신체적인 접촉을 통해 친밀감을 형성하고 유대감을 높이는 방법이다. 좋은 인상을 남기는 데 도움이 되게 하려면 악수할 때도 지켜야 할 예의가 있다.

첫째, 상대방에 대한 배려와 순서이다. 반가운 마음이 앞서더라도, 악수를 먼저 청하는 행동은 신중해야 한다. 특히 연장자나 상사와 함께 있는 자리에서는 그들이 먼저 손을 내밀어 줄 때까지 기다리는 것이 기본적인 예의다. 과거에는 여성이 먼저 악수를 청하는 것이 예의에 어긋난다고 여겨지기도 했지만, 현대 사회에서는 여성이 먼저 손을 내밀어 악수를 청해도 무방하다.

둘째, 시선과 표정이다. 악수할 때는, 밝은 미소를 띤 표정으로 상대방의 눈을 부드럽게 바라보는 것이 중요하다. 진심으로 반가워하는 마음과 따뜻한 감정을 전달하는 데 도움을 준다.

셋째, 적절한 강도와 시간이다. 진심이 전달되도록 약 3초 정도 손을 잡는 것만으로 충분하다. 반가움을 표현하기 위해 잡은 손을 지나치게 흔들거나 두 손으로 상대의 손을 부여잡는 행동은 삼간다. 악수는 자신의 힘을 과시하는 자리가 아님을 기억해야 한다. 손바닥을 마주하고 약간의 힘이 느껴질 정도로만 부드럽게 잡아주는 것이 바람직하다. 사람마다 악력을 느끼는 정도가 다를 수 있으므로 상대에게 맞춘 적절한 힘 조절이 필요하다. 너무 강하게 잡으면 자신감과 확신을 넘어 자칫 위압감을 주거나 힘을 과시하려는 의도로 비칠 수도 있다. 반대로 손끝만 살짝 잡고 피하는 듯한 인상을 주면, 상대방의 기분을 상하게 할 수 있다.

악수의 시작부터 끝까지 정중한 태도를 유지하며 마무리하는 것이 중요하다. 섬세한 악수 하나로도 상대방에게 깊은 인상을 줄 수 있기 때문이다.

명함

　명함은 개인의 이름과 소속을 알리는 차원을 넘어 자신을 표현하는 중요한 수단이자 비즈니스 커뮤니케이션의 도구이다. 명함의 디자인은 개인의 개성을 드러내며, 명함을 주고받는 행위는 상호 존중과 신뢰의 첫걸음 된다.

　크게 명함을 주는 상황, 명함을 받는 상황, 그리고 여러 명이 동시에 명함을 맞교환하는 상황으로 나눌 수 있다. 이 모든 상황에서 공통으로 지켜야 할 예절들이 있다. 명함 관리의 기본인 보관이다. 명함은 자신의 이름과 소속을 담은 중요한 도구이므로 명함집이나 지갑, 다이어리 등에 넣어 구겨지거나 훼손되지 않도록 소중히 보관해야 한다. 명함을 건넬 때는 서 있는 자세에서 상대방과 거리를 적절하게 유지하며 다가가 명함을 내밀고, 자신의 소속과 이름을 밝힌다. 이때, 상대방의 눈을 바라보면서 미소 짓는 것이 예의다.

첫째, 명함을 건넬 때의 순서가 중요하다. 악수와 달리 명함은 아랫사람이 윗사람에게 먼저 건네며 인사드리는 것이 예의다. 자신이 팀의 막내라면 늘 먼저 명함을 건네는 것이 좋은 인상을 줄 수 있다. 다만, 외부 방문 시에는 방문한 사람이 먼저 명함을 주는 것이 원칙이다. 만약 동행한 사람 중에 연장자나 상사가 있다면, 상사가 먼저 명함을 건네고 그 후에 자신이 순서가 된다.

명함을 건넬 때는 두 손으로 명함의 모서리를 잡고 공손하게 건넨다. 명함에 인쇄된 이름이나 직위가 가려지지 않도록 주의하고 상대방이 명함에 적힌 글씨를 바로 읽을 수 있도록 명함의 방향을 조절하며 건네는 것이 중요하다. 부득이하게 한 손으로 명함을 주어야 할 경우, 다른 한 손으로 팔을 받쳐서 공손함을 표현하는 것이 좋다.

둘째, 명함을 받을 때이다. 두 손으로 명함의 모서리를 잡고 정중하게 받는다. 명함에 적힌 이름을 눈으로 3초 정도 훑어보며 읽는 듯한 모습을 보이는 것이 예의다. 명함을 받자마자 바로 주머니나 지갑에 넣는 것은 상대방에게 실례가 될 수 있다. 하지만, 회의나 미팅에 참석하여 받은 명함을 테이블 위에 직급 순서대로 정렬해 놓는 것은 상대방에 대한 존중을 보여주는 행동으로 이해될 수 있다. 명함을 효과적으로 활용하는 좋은 예시이며 실례가 되지 않는다.

셋째, 여러 사람이 동시에 명함을 교환할 때의 예절이다. 많은 사람과 명함을 빠르게 주고받는 상황에서는 한 손으로 자신의 명함을 건네는 동시에 다른 한 손으로 상대방의 명함을 받는 것이 효율적이다. 이때 상대방의 직위를 정확히 파악하기 어려울 수 있으므로 가까이에 있는 사람에게 먼저 명함을 건넨다. 명함을 받은 후에는 명함집, 지갑, 또는 다이어리에 잘 보관하고, 혹시라도 테이블 위에 명함을 두고 가는 일이 없도록 주의한다.

에필로그

지금까지 긴 글을 읽어주셔서 진심으로 감사드린다. 이 글을 통해 필자가 전하고 싶었던 메시지는 소통이 단순한 기술 몇 가지를 익히는 것을 넘어선 훨씬 깊고 근본적인 힘을 지니고 있다는 것이다.

소통은 사람들 사이에 굳건한 관계를 형성한다. 이미 맺어진 관계도 더욱 돈독하게 만들어 주는 마법과도 같다. 때로는 얽히고설켜 풀리지 않을 것 같던 복잡한 갈등을 부드럽게 풀어내기도 한다. 나아가 예상치 못한 새로운 기회와 무한한 가능성을 발견하게 해주는 특별한 힘을 가지고 있다. 마음과 마음이 진정으로 통할 때, 우리는 결코 혼자가 아니라는 것을 깨닫고 함께 더 나은 세상을 만들어 갈 용기를 얻는다.

혹시 지금, 이 글을 읽는 분이 소통에 어려움을 느끼는 초보자이든, 이미 관계 속에서 다양한 갈등과 어려움에 직면하여 고민의 시간을 보내고 있는 분이든, 이 글이 여러분께 작은 도움이 되었으리라 진심으로 믿고 있다.

이 글에 담긴 소통에 대한 메시지가 개인적인 삶은 물론, 일터에 이르기까지 긍정적인 기운을 불어넣을 작은 씨앗이 되길 간절히 소망한다.

추천의 글

정선영의 발화 제안

김지연(rainbowings@nate.com)

　말은 또 다른 자신이다. 스스로가 인공적으로 만들 수 있고 수정할 수 있는 나 자신이다. 따라서 말은 자기 자신과의 대화가 첫째다. 이는 진실한 마음을 반영한 진정성이 있는 화법의 발원이다. 이때 말은 독백에 국한하지 않는다. 타인에게 건네는 말은 나 자신과의 대화가 선행되어야 한다는 의미이다.

　정선영의 글에는 타자를 향한 스피치와 대화의 본질이 함의되어 있다. 작가가 제안하는 발화 방식은 단순 커뮤니케이션의 기술만을 소구하는 소략한 이야기가 아니다. 작가가 제안하는 말하기에는 인간의 감정과 심리가 담겨 있어 대화의 본질을 관통하는 전략이 내포되어 있다. 진심이 없는 말은 누구에게도 닿지 못한다고 전제할 때, 이는 기표와 기의가 완전한 일치를 이루는 근간이 된다.

작가는 말을 잘하는 데 앞서 결정적인 실수를 하지 않은 방법부터 강조한다. 그 핵심은 바로 갈등을 일으키지 않는 것이다. 원활한 대화는 사람들과의 유연한 관계를 형성하고 의도한 결과를 도출하며 삶의 광택을 배가한다. 이때 작가는 말하기 연습이 중요하다고 환기한다. 이때 자신감과 발화의 관계가 흥미롭다. 작가는 자신감이 선행되어야 조리 있는 말하기가 가능함을 주장한다. 복잡한 생각을 잘 정리하여 정연한 말하기로 옮기는 능력은 현대인이라면 누구나 필요로 하는 소양일 것이다.

발성과 호흡에 대한 실질적인 방법론을 제시하며 목소리와 말하는 자세의 기본을 제시하는 작가의 글은 말하기의 원론부터 상세히 탐색한다. 또한 말과 글이 서로 연결되어 있음을 강조하고 논리정연한 글쓰기의 방법 또한 제안한다. 이처럼 인간의 언어를 엄결하게 정돈하는 방법은 나 자신을 고양하는 수단이 될 것이다.

작가는 말하기에서 중요한 것은 공감과 경청임을 강조하고, 비언어의 영역을 조명함으로써 대화의 디테일을 풍부하게 한다. 누구나 내면속에 가지고 있는 언어에 대한 고민, 두려움을 삭제하고 누구나 할 수 있는 말하기 루틴을 제시함으로써 언어에 관한 피상적인 난해함을 경감시킨다. 작가가 거론한 갈등 해결, 관계 개선의 자세는 긍정적인 대화를 실현시키는 열쇠가 될 것이다.

말이 빛나는 순간

초판 1쇄 발행 | 2025년 11월 24일

지은이 | 정선영
펴낸이 | 김지연
펴낸곳 | 생각의빛

출판등록 | 2018년 8월 6일 제 406-2018-000094호

ISBN | 979-11-6814-123-0 (03190)

원고 투고 | sangkac@nate.com
블로그 | blog.naver.com/sangkac

* 값 18,200원